희망메시지

희망메시지

초판인쇄 2011년 4월 13일 초판발행 2011년 4월 20일
지은이 김승규 펴낸이 김충규 펴낸곳 문학의전당
출판등록 제387-2003-00048호(2003년 9월 8일)
주소 121-718 서울특별시 마포구 공덕2동 404번지 풍림VIP빌딩 202호
전화번호 02-852-1977 팩시밀리 02-852-1978
블로그 http://blog.naver.com/mhjd2003 전자우편 mhjd2003@naver.com

ISBN 978-89-93481-90-7 03810

값 10,000원

김·승·규·의·희·망·프·로·젝·트

희망메시지

해산 김승규 지음

문학의전당

| 저자의 말 |

맨손으로 시작하여 앞만 보고 달려온 나의 지나온 세월을 보고 남들은 성공했다는 말들을 합니다. 뒤돌아보면 그 '성공'은 경제적 안정을 얻기 위한 처절한 몸부림의 나날이었습니다. 중학교 때부터 내가 해온 고민이 '어떻게 사는 것이 행복한 삶일까?' 였는데, 나는 한동안 '내 집을 가지고 남한테 구걸하지 않는 생활'이 행복의 공식이라고 굳게 믿으면서 살아왔습니다. 치열한 삶을 살면서 예쁜 외손녀를 얻었고, 아들과 사위가 박사학위를 받아 교수와 연구원이 되고, 나 자신도 대구에서 나름대로 기반을 다져 살게 되었습니다.

그러나 마음공부를 하면서 이런 삶이 과연 행복일까?를 내내 의문하게 되었습니다. 물질이 아닌 마음에 무게중심을 두게 되면서 속박의 틀은 무너져 내리고 개구리가 우물 밖을 나와 광활한 세계를 대한 듯 시야가 넓어지는 것을 느꼈습니다. 덮였다 흩어지기를 반복하던 구름 조각은 걷히고 찬란한 태양이 나를 향해 함박웃음을 보냅니다. 나는 정상에 올라 두 팔을 벌리고 덩실덩실 춤을 춥니다. 반추하여보면 물질의 외면세계에서 행복과 불행으로 여겼던 것들이 정신적인 내면의 세계에서 바라볼 때에는 한낱 스쳐가는 바람이었음을 말하고 싶습니다. 행복과 불행이 일정한 크기로 실재하는 것이 아니라 받아들이는 자의 느낌과 바라보는 방향의 차이에 따라 명암이 갈린다는 것을 깨달았습니다. 행복의 조건을 갖추고서 불행한 삶을 사는 사람이 있는가 하면, 불행의 조건을 갖추고 행복한 삶을 사는 사람이 얼마든지 있다는 것을 알려주고 싶습니다.

독자 여러분도 눈을 감고 가슴에 손을 얹어보세요. 나는 무엇을 위해 사는가? 가슴속에 희망의 씨앗을 지닌 분이라면 변화에 대한 마음이 꿈틀거리는 것을 느끼게 될 것입니다. 이 책은 희망을 꿈꾸는 사람의 등을 따뜻하게 밀어줄 강렬한 메시지입니다.

2011. 4

해산 김승규

차례

희망메시지 1

어떤 일이든지 긍정적으로 바라보면 행복이 찾아오고
부정의 시각으로 바라보면 불행이 찾아온다.

… 아름다움은 추함이 있기에 돋보이고
착한 것은 악함이 있기에 돋보인다.

… 효자는 무슨 일이든 자기주장을 내세우지 않고 부모의
안색을 보아 가면서 부모 뜻을 따른다.

… 화를 내는 것도 억압하는 것도 정신 건강에 해롭다.
화를 적절히 다스릴 줄 아는 사람이 지혜로운 사람이다.

… 가진 것의 가치를 알아야 귀천을 알 수 있다.
가치 중에서도 가장 중요한 것은 인생의 가치를 아는 것이다.

… 마음공부를 열심히 하는 사람은 상대의 깊이를 아는 힘이
생긴다. 이를 일러 타심통이라 한다.

… 사랑은 관심이다. 어떤 생각이 있는지 어떤 고통이 있는지
상대의 입장에서 살피는 것이 사랑이다.

… 올바르게 생각을 바꾸면 성인이 되며
아름답게 얼굴을 바꾸면 중생이 된다.

… 최선을 다한 일은 고급스럽게 되지만
건성으로 한 일은 천박스럽게 된다.

… 겸손할 때 행복은 찾아오지만 거만할 때는 불행이 찾아온다.
자기를 낮추는 것이 기도이다.

… 물질을 따라가면 소금물 먹듯이 갈증만 더해지고
성인을 따라 가면 사랑을 먹듯이 행복이 더해진다.

… 어떤 일이든지 긍정적으로 바라보면 행복이 찾아오고
부정의 시각으로 바라보면 불행이 찾아온다.

… 축복을 받으려면 하느님을 감동시키면 된다.
나를 낮출 때 복은 가까이 찾아온다.

… 지금 하는 일과 하나가 되는 사람은 성공할 확률이 크지만
하나가 되지 못한 사람은 실패할 확률이 크다.

… 지금 이 순간에 몰입하는 사람은 현명한 사람이며
지금 이 순간에 몰입하지 못하는 사람은 어리석은 사람이다.

… 어리석은 사람은 상대의 말뜻을 헤아리지만
현명한 사람은 상대의 마음을 헤아린다.

… 보통 사람은 일을 대할 때 경중을 따지지만
깨달은 사람은 모든 일을 똑같이 중요하게 본다.

… 내가 지금 이 자리에 있는 것은 반드시 이유가 있다.
당신은 그 이유에 충실한가?

… 이웃의 아픔에 가슴 아픈가? 그렇다면 당신은 나의 곁에
계신 성자이다.

… 기억 속에 살아가면 힘든 삶이 될 수 있다.
내면을 가득 채우며 산다면 행복한 삶이다.

… 지금 최선을 다하고 지금 성실히 하고 지금 감사하라.
그러면 당신은 행복할 것이다.

… 하고 싶어 일을 한다면 즐거움이 따를 것이며
해야 하므로 일을 한다면 괴로움이 따를 것이다.

… 지금 여기에서 지금 처음 만난 것처럼
아낌없이 내 모든 것을 쏟는다면 그는 반드시 성공할 것이다.

… 간절한 마음으로 염원하고 기도한다면
이루지 못할 일은 아무것도 없다.

… 생각해서 글을 쓰면 감동은 없어지고
체험해서 그를 쓰면 감동이 살아 있다.

… 사랑으로 바라보면 행복은 따라오고
이기심으로 바라보면 불행이 따라 온다.

… 부귀에 현혹되지 않고 빈천해도 굽히지 않는다면
그 사람은 반드시 부와 명예를 얻을 것이다.

… 허영심은 지나친 자존심의 표현이며
사람의 주목을 끌고자 하는 비정상적 표현이다.

… 덕담은 자기의 복을 불러오고 악담은 자기의 복을 물리친다.
복은 주어지는 것이 아니라 만들어 가는 것이다.

… 사람을 만날 때에 외모를 사랑하면 얕게 볼 수밖에 없지만 마음으로 사랑하면 깊게 볼 수 있다.

… 바른 마음 갖자, 큰사람이 되자, 애국애족하자, 세계를 리드하자.

… 남들이 당신을 떠올릴 때 웃는 모습이면 복이 스스로 찾아오지만 남들이 당신을 떠올릴 때 화난 모습이면 복은 스스로 멀어진다.

… 사람을 사랑할 때에 겉모습을 사랑하면 옷을 사주고 내면을 사랑하면 책을 사준다.

… 욕망과 유혹 앞에서 자족하고 탐욕을 버릴 수 있다면 그는 행복한 삶을 영위할 수 있다.

… 자신감과 인내심을 가지고 노력한다면 허영심을 극복하고 존경받는 훌륭한 사람이 될 수 있다.

… 타인의 생각에 따라 자신의 행동을 결정한다면 자아를 잃은 타인의 노예로 전락하고 만다.

… 타인의 의견을 참고하여 자신의 소신대로 행동한다면
무슨 일이든 순조롭게 풀릴 것이다.

… 고통의 골이 깊을수록 벗어난 행복의 기쁨은 더 커진다.
어둠이 깊을수록 새벽은 가까이 있다.

… 어리석은 사람은 기회가 찾아오기를 기다리고
현명한 사람은 기회를 찾아 간다.

… 인간이 외로움을 느끼는 것은 당연한 것이다.
피하려 할수록 더욱더 깊은 외로움에 빠질 뿐이다.

… 지혜로운 사람은 마음을 열기 때문에 미움이 마음에 담기지
않으며 청정에너지가 모여 큰일을 도모할 수 있다.

… 구하려고 집착하는 사람은 괴롭고
가진 것에 만족하는 사람은 즐겁다.

… 남을 탓하고 자기를 반성하지 않는 태도를 취한다면
결국은 영원히 출구를 찾을 수 없다.

… 현명한 사람은 자기반성을 통해 내면의 적을 무찌르고 내면의 먼지를 씻어내어 정신세계를 맑게 한다.

… 취해야 술맛을 알고 이별 후에 그 사랑을 알게 되는 사람이라면 그는 평생 후회하는 삶을 살 것이다.

… 사람들은 어리석게도 행복할 때는 그것이 행복인지 모르고 잃고 나서야 행복했었다는 사실을 안다.

… 긍정적인 사람은 가시마다 꽃이 있다고 생각하고 부정적인 사람은 꽃마다 가시가 있다고 생각한다.

… 부모가 자식을 믿지 못한다면 그 자식이 성공할 수 없으며 너를 믿는다고 계속 말한다면 반드시 성공할 것이다.

… 우둔한 사람은 이분법으로 판단하고 현명한 사람은 복합적으로 판단한다.

… 정의가 지나치면 잔인해지기 쉽고 물이 지나치게 깨끗하면 물고기가 살지 못한다.

… 음식을 편식하면 몸의 건강이 나빠지듯이
지식을 편중하면 마음의 건강이 나빠진다.

… 어리석은 사람은 입으로만 말하고
지혜 있는 사람은 마음으로 행동한다.

… 어리석은 사람은 자기 자신의 느낌과
자기가 원하고 있는 것은 표현할 줄 모를 뿐 아니라
자기 자신에 대한 이야기는 하지 않고
남의 이야기만 열을 올린다.

… 인생은 꿈꾸는 대로 이루어진다.
나는 지금 희망을 꿈꾸고 있는가?
그렇다면 당신은 희망으로 나아가고 있는 것이다.

… 사람이 자신이 처한 곳에서 주인공이 되어 주어진 여건을
정면 돌파해야 주체적인 삶을 살 수 있다.

… 어설프게 배우면 진도 나가기 어렵듯이 올바른 마음공부를
하여야만 행복한 삶을 살아 갈 수 있다.

… 남이 말을 할 때 공격적인 자세를 취하면 귀는 닫히게 됨이며 겸허히 수용하는 자세를 취하면 귀는 스스로 열린다.

… 요행과 요령으로 성공한다고 믿는 것은 인생 최대의 실수이며 삶의 속임수이다.

… 불을 켜야만 이 방안이 밝아지듯이 정신의 창고에도 불을 켜야 지혜가 밝아진다.

… 행복과 불행은 언제나 동시에 마음의 문을 두드린다.
행복을 초대하면 행복과 함께 불행을 초대하면 불행과 함께 할 것이다.

… 근심은 자신을 죽이는 독약과 같다.
근심의 치료사는 자기 자신뿐이다.

… 고민하는 데 시간을 낭비하지 마라. 고민은 해결의 열쇠가 아니며 오히려 근심만 더해주기 때문이다.

… 비중이 똑같은 문제로 서로 논쟁한다면 상대에게 양보하라.
좁은 통로를 지나가려면 다치기 때문이다.

··· 타인의 입장에서 일을 바라본다면 해결되지 않는 일이 있을 수 없다.

··· 노력이나 노동의 대가없이 성공을 얻으려는 것은 인격을 해칠 뿐 좋은 결과는 얻지 못한다.

··· 남의 것을 흉내 내어 배울지라도
배운 후에는 반드시 자기 것을 만들어 가야 한다.

··· 인생의 가장 큰 비극은
남들이 내게 아무것도 해주지 않았다고 생각하는 것이다.

··· 고마움을 모르는 사람은 평생 만족할 줄 모르는 사람이며
현재 가진 것의 소중함을 모르는 사람이다.

··· 성공을 향한 첫걸음은 남들이 자신을 위해 해준
모든 것에 경의와 감사하는 마음을 갖는 것이다.
만일 우리 모두가 감사하는 마음을 잊지 않는다면
우리 사회는 더 조화롭고 친밀해질 것이다.

… 인간에게 가장 큰 비극의 시작은 자신의 능력과 처지를 알지 못한 데 있다.

… 깨달음과 자기반성을 기초로 한 자아의식 형성은 인생살이의 필수 과목이다.

… 실패한 사람들의 공통점은
자신은 아무것도 잘하는 게 없다고 단정 짓는 사람이다.

… 상대의 장점이 크게 보이면 사랑이 무르익고 있는 것이지만
상대의 단점이 크게 보이면 사랑이 식어가고 있는 것이다.

… 자신의 단점을 알고 고치려고 노력한다면 인생의 어두운 그림자는 지나가고 있다는 것이다.

… 모든 사람들이 자신은 완벽하고 다른 사람에게만 단점이 있다고 여기곤 하는 데 문제가 있다.

… 스티븐 호킹이 위대한 것은 자신의 한계를 인정하고 적극적이며 낙관적으로 살기 때문이다.

… 자신을 진흙으로 여기면 정말 남들에게 밟히는 진흙이 된다.
그러므로 자신을 보석으로 여기며 살아야 한다.

… 충동은 이성과 지혜를 마비시키는 훼방꾼이며
절제는 자신을 어둠에서 빠져나오게 하는 도우미다.

… 평소에 남을 도와주어야만 자신이 어려움에 처했을 때
남의 도움을 받을 수 있다.

… 물고기는 물이 필요하고 새는 창공이 필요하듯
사람들은 저마다 독창성을 가진 내면세계가 필요하다.

… 사랑한다는 이유로 상대의 자유를 구속하는 것은
잔인한 비열함이다.

… 노력하지 않고 얻을 수 있는 것은 실패뿐이다.
이 세상에 노력하지 않고 얻는 것은 아무것도 없다.

… 마음에 충만한 기쁨이 있다면
자신이 바라보는 세상은 정말 아름답게 비칠 것이다.

… 내면이 진실한 사람은 머리에서 발끝까지 내면의 아름다움이 묻어 나오며 이런 아름다움은 단순히 예쁜 얼굴로는 표현할 수 없다.

… 우둔한 사람은 여성을 사랑스럽기 때문에 아름다운 것이라 하고 현명한 사람은 아름답기 때문에 사랑스러운 것이라 한다.

… 미모는 가을 풀처럼 시간이 지나면서 시들어가지만 아름다운 영혼은 언제나 찬란히 빛난다.

… 내면의 자신감이 승화되어 우러나오는 고상함은 영원한 것이며 타인의 마음을 감동으로 움직일 수 있다.

… 나는 지금 성인이 아니기 때문에 단점도 있고 실수도 있다. 그렇지만 성인을 닮아가는 삶을 살며 실수를 줄여갈 뿐이다.

… 허영에 빠져들면 절망의 그림자가 그를 따르고 희망에 빠져들면 사랑이 그를 따를 것이다.

… 비현실적인 환상을 꿈꾸다가는 노력하면 얻을 수 있는 희망도 놓치게 된다.

… 지혜로운 사람이라도 천 번의 생각 중 한 번쯤은 실수가 있고 우둔한 사람도 천 번을 생각하면 한 번은 성공한다.

… 피가 섞인 오줌을 눴는데도 해결되지 않는 문제는 이 세상에 아무것도 없다.

… 더 행복한 삶을 살아가려 한다면 선입견을 버리고 자연 상태로 돌아가 생명을 느끼고 깨달아야 한다.

… 속박과 선입견을 버리고 전통을 뛰어 넘을 때 새로운 도전에 현명하게 대처할 수 있다.

… 사람이 이치를 모른다는 것은 단점이고 이치만을 고집하는 것은 맹점이다.

… 자신의 행동이 옳다는 것을 알았는데 상대를 몰아붙일 필요는 없다. 용서는 기쁨과 해방감을 맛보게 한다.

… 작은 성과에도 자신의 실력을 과대평가하고 상대의 의견을 무시한다면 큰 뜻을 이루기 어렵다.

… 삶의 긍정적인 면을 바라보는 사람은 성공하기 쉽고
삶의 부정적인 면을 바라보는 사람은 실패하기 쉽다.

… 물가에서 물고기를 탐내는 것보다 물러나서 그물을 던지는 것이 낫다.

… 만약에 어떤 사람이 악을 멀리하고 선을 행한다면
그는 행복열차에 탑승한 사람이다.

… 평생 후회할 일을 만들지 않으려면
긍정적인 면은 부각하고 부정적인 면은 억제하면 된다.

… 상대방의 존중받고 싶은 욕구를 가장 확실하게 채워주는 방법은 칭찬하는 것이다.

… 우둔한 사람은 남의 비판에 기분 나빠하지만
지혜로운 사람은 남의 비판을 통해 새로운 것을 배운다.

… 자신보다 못하다고 비웃지 마라, 때로는 자신보다 못한 사람의 도움으로 어려움을 해결할 수 있다.

… 자신을 사랑하고 남을 사랑할 줄 모르는 사람은 물질적으로는 부유할지 모르나 정신적으로는 가난한 사람이다.

… 신념만 가진다고 반드시 성공할 수 없지만 신념이 없으면 전혀 성공할 수 없다.

… 부모는 아이에게 옷을 안 사줬니? 밥을 안 줬니?
학원을 안 보냈니? 뭐가 불만이라서 공부를 안 하니?
하지만 아이는 "엄만 사랑을 안 잖아요?" 한다.

… 습관적으로 일을 선택한다면 성공할 수도 실패할 수도 있다.
그러나 습관적인 게으름을 버린다면 반드시 성공할 수 있다.

… 상생하는 마음으로 상대를 대한다면 이기적이고 편협한 생각에서 벗어나 삶의 기쁨을 맛볼 수 있다.

… 길이 멀어야 말의 힘을 알고 친구는 오래 사귀어야 우정의 깊이를 안다.

… 신념도 좋고 패기도 좋으나 솔직함을 기초로 하지 않는다면 만족한 결과를 얻기 어려울 것이다.

… 현명한 사람은 자신의 장점을 부각시키되
자신의 단점을 억지로 숨기려 하지 않는다.

… 현명한 사람은 시련 앞에서는 쉽게 실패를 언급하지 않고
성공 앞에서는 쉽게 우쭐거리지 않는다.

… 지극히 유연한 것은 끊어지기 쉽고
지극히 강한 것은 부러지기 쉽다.
현자는 유연함과 강인함을 두루 갖춘 사람이다.

… 현명한 사람은 비관 속에서도 희망을 바라보며
우둔한 사람은 희망 속에서도 비관을 바라본다.

… 돈을 부리는 사람은 행복해지기가 쉽지만
돈의 노예가 되는 사람은 필경에는 불행해진다.

… 경쟁을 기피하는 사람은 도태되기 쉽고
경쟁을 남용하는 사람은 불행해지기 쉽다.

… 거짓말에는 공통점이 있다.
스스로 멈추지 않으면 반드시 대가를 치러야 한다는 것이다.

… 상대의 말에 화가 나는 것은 나의 마음의 조화가 깨어졌기 때문이다. 그래서 말은 하는 사람의 몫이 아니라 듣는 사람의 몫이라 한다.

… 현재 살고 있는 삶의 내용에 만족하지 못한다면
어떠한 외부 자극으로도 마음의 안정은 얻을 수는 없다.

… 내가 마음 든든하게 생각하는 것은 신이 나를 벌 주지 않을 것임을 확신하기 때문이다.

… 마음에 괴로움이 차거든 고요히 비워야 즐거움이 들어갈 틈이 생긴다.

… 큰일을도모하려거든 마음을 깨끗이 닦아
청정한 상태의 기를 만들어야 한다.

… 우리나라의 음식점 쓰레기통만 뒤져도
아프리카 부자 수준의 음식을 먹을 수 있다면
절대 빈곤의 문제가 아니라
상대 빈곤으로 허덕일 뿐이다.

··· 언덕을 맞서는 두 가지는 주저앉든지 아니면 뛰어넘든지 하는 방법이 있다.

··· 처음부터 가진 것이 없었다는 사실은 가끔 마음을 편안하게 해주는 행복의 전도사가 되기도 한다.

··· 나의 마음이 깨끗하지 못하면 가는 곳마다 지옥이기 쉽지만 나의 마음이 깨끗하게 되면 가는 곳마다 천국 아닌 곳이 없다.

··· 마음 닦아 깨끗하면 지혜는 따라오고
재물 모아 부자 되면 근심이 따라 온다.

··· 한평생 모은 재물을 자식에게 물려주지만
모은다고 지은 업은 스스로가 가져간다.

··· 일념으로 기도하여 무념 무상하면 일천성인의 눈을 열어 그대로 성불하게 된다.

··· 식사 때 발을 뻗거나 젓가락으로 밥을 먹으면 복은 스스로 물러간다.

… 고급침대에 누워 잔다고 잠이 잘 오는 것이 아니라
마음에 근심이 없어야 잠이 잘 온다.

… 고급침대를 사들이면 불면증이 따라오고
고급식사를 하게 되면 성인병이 따라온다.

… 맛있게 음식을 먹으려면 배고픔이 있어야 하듯이
멋있게 인생을 살려하면 내면의 고픔이 있어야 한다.

… 사람은 똑같은 정보를 반복해서 접하게 되면 행동화할
가능성도 한층 높아진다.

… 서로 존경하고 사랑하고 격려하면서 산다면 행복은 반드시
그와 함께할 것이다.

… 목표를 이루는 데는
신념과 사랑, 낙관과 열정이 필수 요건이다.

… 당신의 마음을 개방하고 상상력을 자극시키며 생각 생각에
호기심으로 가득 차 있다면 성공은 가까이 와 있다.

··· 재물이 많으면 많을수록 집착심은 커져 불행하게 되기 쉽지만
집착의 마음을 비우면 비울수록 행복과 함께하게 된다.

··· 재물이 많으면 많을수록 죽음은 두려운 존재가 되며
청빈 낙도하면 평안한 마음으로 죽음을 맞이할 수 있다.

··· 매 순간순간 삶의 현장에 적극적으로 참여하였다면
그는 가는 곳마다 주인이 되고 매 순간순간 방관자였다면
그는 나그네가 된다.

··· 식사하면 식사에, 공부하면 공부에, 노래할 땐 노래에,
사랑할 땐 사랑에 최선을 다한다면 그는 행복한 사람임이
틀림없다.

··· 너무너무 사랑한 여자와 결혼하지 못하여 돌아버린 사람이 있고
너무너무 사랑한 여자와 결혼하여 돌아버린 사람이 있다.

··· 마음을 열고 감사하는 마음으로 살아가는 사람에게는
행복이 지천으로 널려 있지만 마음을 닫고 원망으로 살면
곳곳이 가시밭길이다.

… 장기려 박사는 인간이 이 세상에 태어나서 조국을 위하여 민족을 위하여 가난한 이웃을 위하여 아무것도 한 게 없다면 오래 살아 무엇하겠는가? 하였다.

… 나보다 더 큰 인격적인 사람에게 나를 묶어 놓는다면 지옥에 갈 염려는 없어진다.

… 책으로만 아는 세상은 깊이가 없어 무의미지만 온몸으로 얻는 생생한 경험은 삶의 지혜를 가져다준다.

… 열심히 일한 후 휴식을 취하는 것보다 더 달콤한 행복은 아무것도 없다.

… 65세 이상 노인의 2/3가 설문조사에서
유언을 물었더니 '남을 사랑하라,
정직하게 살아라' 였다.

… 지혜와 자비가 있어도 용기가 없으면 실천력이 없다.

… 두뇌운동은 정신을 맑게 해줄 뿐 아니라 육체의 대사 기능을 강화시킨다.

… 낭비할 능력이 있으면서 절제하면 미덕이 되고
절제하여야 함에도 낭비하면 죄악이 된다.

… 역사적으로 세상에 빛을 남긴 민족들은 한결같이 검약과
절제로 산 민족이다.

… 고급스럽게 산다는 것은 호화스런 사치에 있지 않으며
가치 있는 삶을 살아갈 때 따라오는 것이다.

… 돈을 낭비하면 가난뱅이가 건강을 낭비하면 병자가
정신을 낭비하면 폐인이 된다.

… 나플레옹은 검으로 세계를 지배하려다 감방에 갇혔지만
예수는 칼 한번 쓰지 않고 세계를 지배했다.

… 건강한 생각은 건강한 세포를 만들고 근심어린 생각은
질병을 만들어 내는 법이며 마음이 기뻐야 세포도 기뻐한다.

… 삶의 지혜란 우선순위를 잘 파악하는 데 있으며
지혜를 증장하려면 마음을 고요히 해야 한다.

… 마음이 고요하면 진리를 보고 재물이 많으면
마음이 산란해진다.

… 청산은 말이 없어도 흰 구름이 일고
흐르는 물은 바라는 마음이 없어도 달빛을 품어 안듯이
마음은 무심한데 망상들이 침범하고 온갖 생각 일어난다.

… 주인이 대접해도 손님이 먹지 않는다면 주인의 것이며,
상대가 욕을 해도 내가 받지 않으면 상대의 것이 된다.

… 어진 말은 채찍 그림자만 스쳐도 천 리를 달리듯이
현자는 하나를 보아도 열을 안다.

… 처음 기쁨은 받는 기쁨이요 두 번째 기쁨은 베푸는 기쁨이다.
받는 기쁨은 거지 복이요 베푸는 기쁨은 보살 복이 된다.

… 얼굴의 상 중에 제일 나쁜 상은 우거지상이다.
온갖 복이 제 발로 도망간다.

… 사주팔자와 운명은 스스로의 마음이 만드는 것이지 어느 누가
만들어 주는 것이 아니다.

… 양심대로 살고 마음 씀을 잘하고 거두는 마음으로 깨끗하게
자신의 마음을 닦는다면 복은 저절로 들어온다.

… 천 가지를 생각하더라도 한 가지 실천보다 못함이므로
백문이 불여일경이라 한다.

… 한마음으로 바라보면 너와 내가 없고
평등한 마음으로 보면 나와 남이 평등하다.

… 종교를 믿어도 원력과 자비심에 입각한 실천력이 없다면
이는 죽은 신앙이다.

… 아무리 작은 티끌이라도 눈에 들어가면 병이 되듯이
아무리 작은 걱정이라도 마음에 들어가면 근심이 된다.

… 물질에 목표를 삼으면 이루기는 쉬우나 흔들리기 쉽고
정신을 목표로 삼으면 이루기는 어려우나 흔들리지는 않는다.

… 마음에 없는 것을 만들어 글을 쓰면 문장은 좋아지나
감동은 없어지고 마음을 풀어 쓸 때 감동은 함께한다.

… 벼리를 들지 않고서는 그물을 반듯이 펼 수 없고
옷깃을 들지 않고서는 옷을 반듯이 들 수 없다.

… 파안대소는 요란한 활인이며
스트레스는 침묵의 살인이다.

… 신체는 마음의 거울이다.
마음이 뒤틀리면 건강도 뒤틀린다.

… 인간은 살기 위해 살아서는 안 되며
선한 일을 남기기 위하여 살아야 한다.

… 만약 지금 은퇴할 나이라면
인생의 새로운 목표를 설정하라.

… 지혜 있는 사람은 오늘이 자신의 최후의 날이라고 생각하면서
사는 사람이다.

… 자신을 학대하면 실패할 확률이 크고
자신의 가치를 인정하면 성공할 확률이 높다.

… 실제적인 목표를 세우되 먼저 하나를 실천하고
다음 목표를 설정하라.

… 자기의 감정을 주변 사람에게 솔직히 말할 때
스트레스는 비례하여 줄어든다.

… 자신을 믿고 모험을 두려워하지 마라.
모험하여 얻는 즐거움만큼 큰 즐거움은 없다.

… 자신의 영적 능력을 길러 무한한 잠재력을 믿고 창조력을
개발하라.

… 부정적인 생각은 즉시 제거하는 것이 육체건강에도 으뜸이
된다.

… 성인과 함께하면 성인이 되기 쉽고 도둑과 함께하면
도둑이 되기 쉽다. 그대는 누구와 함께하고 있는지 보라.

… 첨성대의 돌과 토함산의 돌이 재질은 같으나 가치는
비교할 수 없듯 이 역사적 사실에 참여했는가 아닌가에
따라 가치가 달라진다.

… 유관순은 여학생으로서 나라를 구했는데 나는 조국에게
걸림돌이 되지 않는가 생각하라.

… 가치 있는 일에 참여하면 가치 있는 사람이 되고
가치 없는 일에 참여하면 가치 없는 사람이 된다.

… 남 따라 삶을 살면 인생을 망치는 일이 되고
독창적인 삶을 살면 창조적 삶이 된다.
나는 나의 꽃을 피우고 있는지 자문해 보라.

… 나이 타령, 학력 타령, 권력 타령을 한다면
그는 지금 실패한 삶을 살고 있다고 보면 틀림없다.

… 소크라테스는 70세에 자기 철학을 완성했고,
플라톤은 50세까지 학생이었으며,
미켈란젤로는 시스티나성당의 벽화를 90세에 완성하였다.

… 죽음 앞에서 웃을 수 없는 사람이라면
그가 살아온 인생은 잘못 살아 왔다고 볼 수밖에 없다.

… 세상에 아름답고 추한 것이 있는 것이 아니라
우리가 아름답고 추한 것을 자기의 관점에서 느낄 뿐이다.

… 자기 자식이 먹던 밥은 깨끗해 보여서 먹을 수 있고
남이 먹던 밥은 더러워서 먹지 못하는 것은 마음에서
분별심이 일어났기 때문이다.

… 마음은 마음에서 마음으로 통할 뿐이지
언어와 문자로써 통하는 것이 아니다.

… 황새 다리는 길고 뱁새 다리는 짧은 것이 평등이며
장미꽃은 크고 안개꽃은 작음이 평등이다.

… 만들어진 모든 것은 반드시 파괴된다.
생자는 파멸하고 생주는 이멸하며
성주는 괴공하더라도 오직 근본마음만은 어느 것으로도
파괴시킬 수 없다.

… 재산은 남이 빼앗아 갈 수 있지만
자기가 닦은 마음은 아무도 빼앗아 갈 수 없다.

… 깨닫지 못하면 개구즉착하며 깨달은 후에는 두두 물물이 진실뿐이다.

… 세상을 움직이는 것은 학문이나
학문을 움직이는 것은 지혜이다.

… 지혜가 없으면 집착의 포로가 될 수밖에 없으며
집착은 곧 고통의 시작이 된다.

… 바다가 고요하나 바람이 불면 파도가 일어나듯이 본 성품이 고요하나 탐욕과 집착에 이끌리면 번뇌가 일어난다.

… 성공이란 것은 통계적으로 보면 어쩌다가 우연히 생기는 실패의 부산물이다.

… 나를 욕하여 상대가 마음이 편하여진다면 나는 큰 즐거움으로 감수할 자신을 가지고 있다고 생각하라.

… 전생을 알려거든 지금 살고 있는 모습을 볼 것이며
내생을 알려거든 지금 지어가는 모습을 보라.

… 태양이 없으면 살 수 있는가. 공기가 없으면 살 수 있는가. 물과 흙과 산과 나무와 어느 것 하나 없어도 살지 못하는 우리 인간들이 무얼 믿고 오만한가를 생각해보자.

… 부모님께 효도하는 것은 부모님의 마음을 헤아리는 것이다.

… 설거지하는 것이나 일하는 것에 아무런 차이를 두지 않고 순간순간에 전 존재를 몰입하여 최선을 다한다면 그 사람은 반드시 성공할 것이다. 그러므로 항상 지금 이 순간에 충실해야 한다.

… 지금 이 순간 여기에서 처음 만날 때처럼 다시 못 볼 것처럼 매 순간순간 치열하게 산다면 반드시 성공할 것이다.

… 동물원 사자는 사육사를 물지만 않는다면 평생을 배불리 먹을 수 있지만 행복하지 않은 이유는 자유가 없기 때문이다.

… 장미꽃이 아무리 아름답다고 해서 다른 꽃은 다 뽑아버리고 장미꽃으로 통일한다면 아름다움이 안 되듯이 우리들은 각자의 개성을 존중하여야 한다.

··· 부자는 재물을 모아가는 사람이고
성자는 재물은 비워가고 내면의 지혜를 쌓아가는 사람이다.

··· 어떠한 음식도 긴가민가 의심하고 먹으면 건강에 도움이
되지 않듯이 "이 책은 나에게 도움이 된다." 하는 굳은
신념으로 읽어야 책의 내용에 감동을 받을 수 있다.

··· 어떤 경계를 맞을 때에 다른 사람에게 고통을 주기 위한
방법을 선택하는 것이 아니라
다른 사람들이 행복했으면 하는 목적을 가지고 방법을
선택한다면 그 사람은 반드시 복을 받을 것이다.

··· 아무리 기능이 좋은 제품을 가지고 있더라고
사용설명서를 제대로 읽지 않았다면
그 제품의 기능을 제대로 사용할 수 없듯이
인생도 기본기가 충실해야 행복하게 살 수 있다.

··· 모든 등불은 다 꺼질지라도 가난한 사람이 가진 것을 다
바쳐서 켜 놓은 등불은 꺼지지 않았던 것처럼 지극정성으로
간절히 기도한다면 반드시 이루어진다.

… 우리나라 사람들을 외국 사람이 싫어하는 부분은
자기 이야기는 하지도 않고 다른 사람,
다른 사건을 이야기하는 것이라고 하듯이
우리도 자기 자신 고유의 목소리를 내어야 한다.

… 주인의 설거지와 종업원의 설거지가 다른 것은 깨끗함의
차이가 아니라 정성의 차이이다.
정성을 다해 자기가 있는 자리에서 주인의식으로
일한다면 그는 반드시 주인이 될 것이다.

… 인간은 태어나면서부터 참 성품을 잃기 때문에 마음의
때가 이끄는 대로 살아가는 것이다.

… 섹스유머나 음담패설이 정신적인 성적 자극이 되어
호르몬의 분비를 촉진하고 육체적인 젊음을 유지해 준다.

… 한문을 한 자도 모르는 사람이 보면 팔만 대장경판도
빨래판으로 볼 수 있음이니 부지런히 배우고 실천하여
무지에서 벗어나야 한다.

… 자살을 하면 모든 고통이 사라지는 줄 알지만 고통은 내가 있기 때문에 지게 되는 죄의 대가이므로 다음세상에서는 더욱 심한 고통을 받게 된다.

… 최상의 건강 부식은 맛이 있고 건강에 좋고 비용과 시간이 적게 드는 것이므로 제철의 과일과 생선 등이 될 것이다.

… 최상의 반찬은 건강에 좋은 것이라야 하는 것이 아니며 첫째로 맛이 있어야 한다. 왜냐하면 맛이 없으면 먹지 않기 때문이다.

… 끼니 때마다 반찬 타령 없이 음식을 감사하는 마음으로 맛있게 먹고 깨끗이 먹는다면 그 사람은 반드시 복을 받을 것이다.

… 상사와 부하가 벗하여 지낼지라도 직장 안에서는 위계질서가 확실해야 하며 이를 어길만한 사람과 벗하여 지내다가는 반드시 재앙이 따를 것이다.

… 친구를 시기하는 버릇이 있으면 좋은 벗을 사귈 수 없고 부하를 투기하는 사람은 좋은 부하를 거느리지 못할 것이다.

··· 부자라 해서 언제까지 부귀를 누리지 못하며
가난하다 해서 언제까지 가난하게 살지 않는다.
하늘의 뜻은 사람에게 복을 내림에 차별을 두지 않음이니
자신을 돌아보아 복을 짓고 있는지를 살펴야 할 것이다.

··· 꽃은 10일을 가지 못하고 달이 차면 반드시 기우는 법이지만
복은 지은만큼 받는 법이니 그런 걱정은 하지 않아도 된다.

··· 식당에서 식사할 때 "이 음식 정말 맛있네요".
한다면 그 사람은 주인으로부터
최상의 서비스를 받게 될 것이다.

··· 아이를 볼 때 잘 생겼으면
"너 어떤 어떤 부분이 정말 예쁘구나"
못 생겼으면 "너 정말 영리하게 생겼구나" 한다면
그 아이로부터 존경받는 사람이 될 것이다.

··· 어떤 사람이 사는 곳마다 "이렇게 좋은 곳은 없어". 하고
버릇처럼 말해왔으며 그 사람의 배우자가 "당신이 나쁘다고
말한 곳은 아무 곳도 없었잖아요." 라고 말한다면
그 사람에게는 축복이 올 것은 당연한 일이다.

… "선생님 차 한 잔 드릴까요?" 하는 것과
"선생님께 차 한 잔 드리고 싶습니다." 하는 것의 차이는
적은 것 같으나 하늘과 땅 차이이다.

… 고스톱 칠 때 순서대로 내는 것이 아니듯
삶도 매 순간 새로운 것에 도전하고 창조하는
삶을 산다면 비록 나이의 정년은 있을지라도
정신의 정년 없이 한평생을
행복하게 살 수 있을 것이다.

… 가게에서 물건을 사겠다고
우기는 아이에게는 사전에 무슨
물건을 사러 가는지 충분히 설명해주고,
아무리 투정을 부려도 일관된 태도를 유지한다면
아이가 포기하는 법을 배우게 될 것이다.

… 식당이 매일 똑같은 반찬만 나오면 손님이 끊어지듯이
삶도 어제와 똑같이 살아간다면 행복해질 수 없으므로
가정에서도 매일 새로운 방법을 찾으려고 노력한다면
부부간의 권태기는 있을 수 없다.

… 식사할 때 "여보 이렇게 맛있는 것은 식당에 가서는 도저히 맛 볼 수 없어요. 역시 우리 집 반찬이 최고야." 한다면 그 사람은 부인으로부터 최상의 대접을 받을 수 있을 것이다.

… "여보! 내가 매 순간마다 선택을 하지만 내가 선택한 것 중 최상의 선택은 당신을 선택한 거예요." 한다면 그 사람은 가장 존경 받는 남편이 될 것이다.

… 만나는 사람들과 가족 얘기가 나오면 "우리 집 사람이 최고예요, 그분이 관세음보살이예요." 한다면 그 사람은 부인으로부터 가장 좋은 대접을 받을 수 있을 것이다.

… 집안이 부유해도 가족이 화목하지 못하다면 행복하지 않을 것이며 집안 가난해도 화목하다면 행복은 항상 그들과 함께 할 것이다.

… 무엇을 얻어 자신의 즐거움을 배가시키려고 노력할 것이 아니라 내가 가진 것으로 다른 사람에게 도움이 될 수 있는지를 먼저 생각해야 할 것이다.

… 사랑함이 지나치면 심한 소모를 가져오고 칭찬함이 지나치면 반드시 헐뜯는 일이 생긴다. 기쁜 일이 지나치면 반드시 근심할 일이 생기며 재물 탐함이 지나치면 반드시 화를 불러온다.

… 나무를 잘 기르려면 뿌리가 튼튼해야 가지와 잎이 무성해지듯이 부모가 바른 삶을 살아간다면 그 자손 중에 한 나라를 다스릴만한 훌륭한 인재가 나올 수 있을 것이다.

… 사물을 그리되 그 속은 그릴 수 없고
사람을 알되 그 마음 됨됨이는 알 수 없지만
자신의 양심은 선악을 알아 자신이 지금 복 받을 일을 하고 있는지 여부를 알 것이다.

… 인간은 서로를 의지하는 조건 속에서 존재하기 때문에 그 조건들 중 어느 것도 나라고 집착할 것이 없다.

… 어느 것 하나 꼬집어 나라고 할 것이 없는데 사람들은 나를 위하여 주변에 피해를 주고 욕심을 부리므로
집착심이 생기고 고통을 만들어 낸다.

… 사람의 목숨은 세상 모두와 연계되어 존재하는 것이므로 우리의 생명은 나뿐만 아니라 우리 모두에게 소중한 것이다.

… 과거의 잘 잘못에 대한 집착이나 오지 않은 미래에 대한 걱정 때문에 고통스런 삶을 살게 된다.

… 내가 살아 숨 쉬는 이 순간에 충실하다면 성공적인 삶을 살아 간다 할 수 있다.

… 진심으로 진리를 구하고 스승을 공양하고 받들어서 공경하고 존중하며 항상 효순하면 한량없는 복을 짓는 것이다.

… 제자는 마땅히 효순을 행하여 스승을 기쁘게 해야 하며 배운 공부를 크게 성취시켜 스승을 보람되게 해야 한다.

… 예수님이나 부처님이 훌륭한 것은 모든 중생들은 어여삐 여기어 사랑과 자비로써 이익 되게 해주시기 때문이다.

… 만약 신앙에 대한 믿음이 확실하고
마음을 깨끗이 하고 몸과 입과 뜻이 진실하게 산다면
최상의 생활을 할 수 있다.

… 몸과 말과 마음은 본래 나고 죽음이 없고 집착도 없음인데
사람들이 나라는 생각에 사로잡혀 번뇌를 만들고
있음이다.

… 마음은 본래부터 나고 죽음이 없으며
어떤 티끌도 없음이니 집착하지 않아
허공과 같이 오염되지 않는다면 깨끗한 마음이 된다.

… 이 세상에 나의 것 나의 소유물은 아무것도 없음인데
사람들은 집착으로 나의 것
나의 소유물을 만들 뿐이다.

… 불교에서는 변하지 않는 것은 없으며 고통 아닌 것이 없으며
나라고 할 것이 없다고 말하고 있으며
오직 변하지 않는 것은 본래 성품뿐이라 말하며
이를 진아 본성 또는 진여불성이라고도 한다.

희망메시지 2

자신을 가치 있는 사람으로 여기지 않는 사람이 성공할 확률은 없으므로 우리는 먼저 자신의 능력을 믿어야 한다.

… 스스로의 삶을 부모나 형제나 세상이나 역사에 핑계되며 사는 것은 성공을 포기한 사람들이 하는 짓이다.

… 생각으로 마음을 닦았지만 행동으로 옮기지 않는다면 이는 썩은 새끼줄로 고래를 낚고자 하는 것과 같다.

… 나라고 고집할 것이 없음을 알았을 때 하는 일마다 걸림이 없고 괴로움이 없는 상태가 되어서 청정한 삶을 살아 갈 수 있다.

… 어리석은 사람은 물질을, 느낌을, 지각을, 형성을 가지고 이것은 나의 것이고, 이것이야 말로 나이고, 이것이 나의 자아이다 라고 생각한다.

… 현명한 사람은 성인을 공경하고 그 가르침을 배우며 그 가르침에 입각하여 생활하기 때문에 청정하고 거룩한 삶을 살아 갈 수 있다.

… 현명한 사람은 나는 상주하고, 견고하고, 지속하고, 변하지 않는 것으로써 이처럼 영원히 존재하는 소유물은 없음을 안다.

… 마음을 닦아 번뇌가 사라지면 무거운 짐을 내려놓는 것과 같으며, 존재의 결박을 끊고 지혜를 얻어 다시는 윤회의 사설에 얽매이지 않는다.

… 누워서 노래를 부르면 반드시 곡조가 느려지는 이유는 등 따시고 배부르기 때문이듯이 배부르고 따사로움에서 물욕은 생기며 주리고 힘든 데서 깨끗한 마음을 닦을 도심이 생긴다.

… 향을 지녔으면 향냄새가 풍기듯이 지혜를 증장시키며 그 덕은 가는 곳마다 대하는 사람마다 두루두루 베풂을 미칠 것이다.

… 작은 배에 많은 물건을 실을 수 없듯이 작은 인격에 큰 재물을 담을 수 없다. 사람은 자신의 그릇만큼만 복을 담을 수 있으니 채울 것을 걱정할 것이 아니라 먼저 자신의 그릇을 키우는 데 정성을 다하여야 한다.

… 부자이면서 베풀기를 잘하는 사람은 전생에서부터 보시하는 습관이 있기 때문이며 그 사람은 다음 생에서도 반드시 부자로 살 것이다.

… 가난해서 베풀지 못함이 아니라 베풀지 않았기 때문에
가난하게 사는 것이니 재물 없이도 7가지 보시는 할 수
있음을 명심하라.

… 아무리 좋은 약이라도 원한의 병은 고치기 어렵고
로또 복권에 당첨되어도 복 없는 사람을 부자로 만들지는
못함이니 지은 대로 받는다는 것을 믿어야 하며
지은 업들은 가까우면 자기가 받고
멀면 자손이 받음을 명심하여야 할 것이다.

… 불의로 모은 재산은 끓는 물에 뿌려진 눈이요,
뜻밖에 얻어진 복은 물에 밀려온 모래와 같음이니,
교활한 잔꾀로 생활하는 방법을 삼는다면
흡사 아침 풀끝에 맺힌 이슬이나 저녁에 지는
꽃과 같음을 명심하라.

… 오늘 하루 깨끗한 마음으로 생활한다면
오늘 하루 신선이 되는 것이며 오늘 하루 죄를 짓고 산다면
오늘 하루 악마가 되는 것임을 명심하라.

… 자식에게 재산을 물려준다 해도 그 자식이 받을만한 그릇이 되지 않으면 뜬 구름과 같아서 지키기 어렵지만 지혜를 물려준다면 큰 산과 같아서 닳아 없어지지 않는다.

… 손님이 오지 않는 집에는 복이 빠져 나가고 있는 것이고 자식을 올바르게 가르치지 않으면 자식을 어리석게 만드는 것이다.

… 아무리 작은 일이라도 시작하지 않으면 이룰 수 없고 자식이 아무리 총명한 아이라도 가르치지 않으면 현명하게 만들 수 없다.

… 즐겁게 살려면 책을 읽고 지혜롭게 살려면 기도를 하고 부자로 살려면 저축을 해야 하며 자식에게 효도 받고 살려 며는 자신이 먼저 부모님께 효도해야 한다.

… 사람들은 몸이 아플 때 마음까지 병들기 쉽다고 생각하지만 그보다는 대부분 마음의 조화가 깨어질 때 아프다는 사실에 대하여는 알지 못한다.

… 우둔한 사람은 성자를 알아보지 못하고 성자의 가르침을 알지 못하여 가르침에 따른 수행을 하지 않기 때문에 불행한 생활을 하며, 현명한 사람은 성자를 알아보고 성자의 가르침을 배우고 가르침에 따른 수행을 하기 때문에 행복한 생활을 한다.

… 몸이 아프면 마음이 아픈 이유는 나라는 존재는 몸과 마음으로 이루어졌다 생각하고 몸과 마음은 나의 것이라고 생각하기 때문이다.

… 몸이 아파도 마음이 아프지 않게 하려면
몸과 마음이 본래 실체가 없으며 나의 것이 아니며
다만 조건에 따라 반응한다는 것을 알아 차리면
아픔은 사라지게 된다.

… 우리는 게임의 규칙을 변경할 수 없다면
우리가 할 수 있으며 또 해야 하는 것은 오로지
그 규칙을 잘 배워서 자신의 능력을 최대한 발휘하는 것이다.

… 성공하는 사람은 자기 분야에 대하여 지식을 습득하여
알고 있거나 그것을 아는 사람을 알고 있는 사람이다.

… 우둔한 사람은 일한 대가로 돈을 번다고 생각하고 일하며
현명한 사람은 일한 보람을 즐기므로
돈은 따라오는 것이라 생각하며 일한다.

… 대부분의 사람들은 지금 있는
그 자리가 자신이 원했기 때문에 지금의 위치에 있다는
사실을 모르기 때문에 불평하는 것이다.

… 대부분의 사람들은 자기의 내부에 수많은 번뇌의 쓰레기로 꽉
차 있다는 사실을 모르기 때문에 지혜를 증장시킬 방법을
찾지 않으므로 창조적 사고가 당연히 결여되어진다.

… 성공한 사람은 나는 내 힘으로 성공했다 말하지만
실패한 사람은 나는 나 때문에 실패했다 말하지 않는다.
그러나 모든 것은 자기가 지어 자기가 받는다는 사실을
알아야 한다.

… 현명한 사람은 성공과 행복이 조건에 의해 만들어지는
것이 아니라 성공과 행복은 자기 자신에게서부터 시작된다는
것을 안다.

… 사람들은 성공에 필요한 능력을 충분히 가지고 있지만, 자신이 소유하고 있는 능력을 사용해서 더 큰 능력을 가지는 사람과 사용하지 않아서 그 능력을 잃어버리는 사람이 있다.

… 사람은 누구라도 성공하도록 설계되고 만들어졌으나 실패한 사람은 단점을 극복 못하여 좌절하고 성공한 사람은 단점을 극복하고 아름다운 성공의 결실을 맺는다.
왜냐하면 성공은 이미 결정된 운명이 아니라 목표를 향해 나아가는 여행이므로 만약 어떤 사람이 지혜로써 목표를 설정하고 올바른 길로 접어들었다면 포기하지 않는 한 반드시 목표지점으로 갈 수 있다.

… 목표는 정했으나 실천으로 행동하지 않는 사람은 인생의 생존 경쟁에서 이미 은퇴한 사람이다.

… 어떤 사람이 다른 사람이 갖고자 하는 것을 가질 수 있도록 최선을 다해 도와준다면 그 사람은 자기가 소망하는 것도 반드시 얻을 수 있을 것이다.

… 자신을 가치 있는 사람으로 여기지 않는 사람이 성공할 확률은 없으므로 우리는 먼저 자신의 능력을 믿어야 한다.

… 인간은 만족한 만큼 부자가 되고 사랑한 만큼 행복해지며
남에게 바라면 거지가 되고 보시한 만큼 부자가 된다.

… 우둔한 사람은 다른 사람을 볼 때 속보다 겉을 보게 되고
지혜 있는 사람은 다른 사람을 볼 때 겉보다는 속을 보게 된다.

… 긍정적인 시각으로 세상을 보는 사람은
인생을 즐기는 사람이고
부정적인 시각으로 세상을 보는 사람은
인생을 속박 받는 사람이다.
자신이 주인공임을 알 때 긍정적 사고가 형성된다.

… 기도를 아무리 많이 하더라도 생활 속에서 실천하지 않는
사람은 우둔한 사람이 되고 설사 기도를 하지 않더라도
생활 속에서 항상 남을 배려하는 마음이 배어 나오는
사람이라면 현명한 성자가 된다.

… 진정한 대 자유인은 자신이 속박의 틀에서 벗어났듯이
다른 사람도 속박의 틀에서 행복의 삶으로 이끌어가고자
노력하는 사람이다.

… 생각의 집착을 버리면 깨달음이 얻어지고 물질의 집착을 버리면 자비행이 실천되며 나와 남이 하나가 됐을 때 속박의 틀에서 벗어난 진정한 대자유인이다.

… 성공한 사람은 경쟁하는 가운데 동반하는 법을 배우고
동반하는 가운데 경쟁하는 법을 배우며
경쟁을 통해서 동반 성장하는 법을 배운다.

… 태양이 세상을 차별 없이 비추듯이 부처님의 가피는 차별이 없건만 중생들은 자기가 만든 그릇만큼만 받을 수 있다.

… 불교는 길이 무엇인지를 알아서 찾아 가라고 하고 기독교는 만들어진 길을 믿고 의심 없이 가라고 한다. 믿고 이해하고 실천하고 깨달으면 불교를 말함이고, 믿고 실천하면 천국에 든다는 것이 기독교를 말함이니 자비와 사랑은 다름이 없다.

… 잘난 척하는 것이 지나치면 교만해지기 쉽고, 모자라면 진취성이 결여되기 쉽다. 잘난 척할 필요는 없더라도 자신의 의사표현은 분명히 할 줄 알아야 한다.

… 근거 없는 유언비어를 조성하는 사람은
결국에는 자신도 유언비어의 희생양이 되기 쉽다.
이는 마치 토끼사냥을 다한 개는 주인에 의해
죽음을 당하는 것과 같다.

… 세상에는 행복과 불행이 공존하고 있으나
긍정적인 사람은 희망을 바라보고 행복한 삶을 누리지만
부정적인 사람은 절망을 바라보고 불행에 빠진다.

… 마음 가운데 걸림이 없는 사람은 천진하고 순수하여 밝고
환하며 원하는 일이 쉽게 이루어진다.

… 불행한 사람들은 아무런 문제가 없는 것을 큰 문제가 있는
것처럼 생각하고 행복한 사람들은 큰 문제가 있더라도
작은 문제라고 생각하며 산다.

… 원을 세우고 하는 일은 만 번을 실패해도 만 번을 일어나기
때문에 마음먹은 일은 결국에는 반드시 이루어진다.
원을 세우고 시작하더라도 이루지 못하는 것은 중도에 그
원을 포기했기 때문이다.

… 자식을 키울 적에 어릴 때에는 따뜻함으로 보살피고 청소년 때에는 인내로 참아 기다려 줌을 알고 성년이 되어서는 정을 끊어주는 것이 자식을 가장 건강하게 키우는 것이다.

… 목욕탕 안에서는 옷을 벗어야 예의이며 목욕탕 밖에서는 옷을 입어야 예의이듯이 모든 행위는 인면에 따라 법도가 정해질 뿐 맞고 틀린 문제로 접근하는 것은 잘못이다.

… 신체에 장애를 갖는 것은 정상인보다 조금 불편할 따름이며 전생의 업보와는 아무런 상관도 없다. 어린이는 어른이 보살펴야 하듯이 장애인은 건강한 사람이 보살펴야 한다.

… 상상은 희망을 낳으며 꿈을 낳고 꿈은 희망을 낳고 희망은 행복을 낳는다. 행복을 상상하면 반드시 실천으로 이어져 행복이 성취된다.

… 누구나 원하는 것이 이루어지기를 간절히 바라는 마음이 기도이다. 기도는 최상의 자기 최면이며 될 수 있다는 자기 확신의 믿음이다. 큰 꿈을 이룬 사람치고 기도하지 않은 사람은 아무도 없다.

… 자기가 가진 것은 자기 것인 줄 알면 범부다.
범부는 자기 것은 아끼고 남의 물건은 갖고자 탐한다.
이런 사람은 큰일을 성취할 수 없다.
성인은 자기의 것과 남의 것을 따지지 않을 뿐 아니라
물건 앞에 자유자재하고 유유자적하다.

… 아침 일찍 일어나 즐거운 마음으로 부지런히 일하자 하는
것이 천리교의 교훈이다.

… 자기 자신이 무한한 능력을 가지고 있고
완전한 사람임을 아는 것이 깨달음이다.
스스로가 못난 자가 아니고 부족한 자가 아니고
악한 자가 아니고 불행한 자가 아님을 알고
자신이 행복한 사람이며
용기 있는 사람이며 지혜 있는 사람이며
성공한 사람임을 여실히 아는 것이 깨달은 사람이다.

… 남으로부터 감시받는다는 생각으로 삶을 살아가면 범부요
스스로가 매사에 감시하며 살아감이 현명한 사람이며,
감시할 것도 감시받을 것도 없음을 알아
자유자재한 삶을 사는 것이 깨달은 사람이다.

… 김수환 추기경은 "내 탓이요" 하고
성철 스님은 "남을 위해 기도합시다" 하였다.
잘못된 것이 나임을 알아 남을 위해 기도하여
현재 나와 인연을 맺고 있는 모든 사람이 나로 인해
고통 받지 않기를 바라야 하며, 모든 이들이 행복해지기를
바라는 기도를 해야 내가 행복해진다.

… 인간은 혼자 왔다 혼자 가는 존재이다.
가족, 친지, 친구동료 등 내 주위의 모든 사람은 살아가는
동안 같이 가는 길동무임을 알아 길 가는 동안이라도
더불어 살겠다는 마음가짐으로 살아야 한다.

… 보통사람에게는 육안이 있고 지혜 있는
사람은 혜안이 있고 보살행을 행하는 사람은 법안이 있으며
깨달은 사람은 불안이 있다.
나는 지금 어떤 눈을 가지고 있는가?

… 이름만으로도 포근함을 느끼는 것이 벗이다.
벗은 속이거나 무시하거나 피곤하게 하여서는 안 되며
이익이나 목적을 염두에 두고 사귀어서도 안 된다.
그저 있는 듯 없는 듯 순수해야 한다.

… 현명한 사람은 하나를 버려 천을 얻으며 우둔한 사람은
하나를 지키려 천을 잃는 것도 모르며 살아간다.
깨달은 사람은 하나를 버려 천을 얻기도 하고
천 속에서도 하나까지 포함함을 안다.

… 마음의 병 없음이 가장 큰 이익이며
마음의 만족함이 가장 큰 부자이며
마음의 넉넉함이 가장 큰 친구이다.
마음을 자유자재로 쓰는 것이 깨달은 사람이다.

… 하루하루 재미있게 살면 천국을 사는 것이요
하루하루 불행하게 살면 지옥을 사는 것이다.
내가 먹고 일하고 자는 것 모두가 순간순간 행복하고
재미있게 살아 간다면 죽음이 왔다 해도
두려울 것은 없을 것이다.

… 사람들은 재물을 많이 가지는 것이
행복한 것인 줄 알고 있으나
행복은 많이 가짐에 있는 것이 아니라 스스로
만족하며 사는 것이 행복이다.
작은 욕구에 만족한 사람이 행복한 사람이다.

… 나무를 사랑하지 않는 사람이 산을 사랑한다 할 수 없으며,
이웃을 사랑하지 않고 중생을 사랑한다 할 수 없으며,
자신을 사랑하지 않으면서 인류를 사랑한다 할 수 없을 것이다.

… 사람은 자신의 눈높이만큼 이해하는 것이니
똑같은 법문을 듣더라도 근기가 수승한 사람은
똥덩어리를 말해도 금덩어리로 받아들이지만
우둔한 사람은 금덩어리를 말해도 똥덩어리로 받아들인다.
말은 말한 자의 몫이 아니라 듣는 자의 몫이기 때문이다.

… 기도는 우주에 가득 찬 에너지를 자기 것으로 받아들이는
행위이며 이는 지식이 아니라 실천적 체험을 통하여
가피를 받는 것이다.
비록 지금 곤궁하다 할지라도 즐거운
마음으로 봉사하는 삶을 살다 보면 나날이 좋은 날 연년이
좋은 해가 될 것이 분명하다.

… 잉어를 낚으려는 사람이 피라미에 신경을 쓰지 않듯이
바른 깨달음의 길로 가려고 수행하는 사람은 눈앞의
작은 이익에 신경을 쓰지 않는다.

··· 젊어도 늙은 사람이 있고 늙어도 젊은 사람이 있다. 나이가 젊음과 늙음을 만드는 것이 아니라 정신이 어떻냐에 달려있다. 용기 있게 도전하는 사람은 젊다 할 것이고 현실에 안주하는 사람은 늙었다 할 것이다.

··· 우둔한 사람은 삶을 수단으로 살지만 현명한 사람은 삶을 목적으로 살아난다. 인생을 잘 사는 사람은 만나는 사람을 즐기고 스치는 산천을 즐기고 여행을 하듯이 살아가므로 행복한 삶을 살아가는 것이다.

··· 목표가 분명하고 믿음이 확고하여 끈기가 있는 인내로써 실천한다면 봄이 오면 꽃피듯이 이루어져 행복은 반드시 스스로 찾아오리라.

··· 만약 어떤 사람이 일시적인 배부름이나 현실의 만족하고,
짧은 인생의 목표를 성취하고,
현재의 병고를 벗어나고,
재물이나 명예나 이익을 구하고자 한다면,
이는 쉬운 일이 될지 몰라도
자신과 타인의 안심입명을 구하는 일은
참으로 어려운 일이 될 것이다.

… 범부는 자신의 명예를 도모하지만 선지식은 대비심으로 법보시를 하는 것일 뿐 절대로 자신의 이익과 명예만을 도모하지 않는다.

… 사람이 어떤 것에 집착한다면 마음은 조화가 깨어져 깜깜해지고 집착에서 벗어날 때 마음은 그대로 밝아진다. 만약 안 된다 하는 성내는 마음이 없다면 도모하는 일은 반드시 이루어진다.

… 만약 원을 세우고 철저히 준비하여 인내로써 노력한다면 아무리 어려운 일이라도 마음의 여유가 생기게 되므로 반드시 성공시킬 수 있을 것이다.

… 유유상종이라 하였으니 복이든 지혜이든 반드시 같은 정도끼리 모인다. 그러므로 만남에 누구를 원망하고 탓할 것이 아니라 원을 세워 지혜와 복을 이어감을 점검해야 한다.

… '바늘에 귀가 두 개면 옷을 꿰매기가 어렵다'는 티베트 속담처럼 두 마음을 가지고는 뜻한 바를 성취하기 어렵다. 오직 일념으로 매진할 때에 반드시 목적을 이루게 될 것이다.

… 이웃과 더불어 밝고 후복해지려고 애쓰면 자기의 마음 그릇도 자연히 그만큼 크고 넓어진다.그런 마음이 복 짓는 마음이고 주인된 마음이다.

… 나 아닌 다른 사람의 마음을 기쁘게 해주기 위해 직장 생활을 하고 장사를 한다면 항상 즐거운 마음으로 일을 할 수 있을 뿐 아니라 반드시 성공한다.

… 지은 복은 끈에 묶인 물건처럼 땅기면 언제나 끌려온다. 자기가 지은 복을 다른 사람과 나누고자 할 때 자신의 마음이 행복으로 가득하여 지고 업장은 녹아내리게 된다.

… 사소한 생각들이 모여 업을 만들어 간다.
인정에 바탕을 두어 큰마음을 내면 복덕이 쌓일 것이고
궁상한 마음을 내면 반드시 복덕은 빠져나갈 것이다.

… 기쁜 마음으로 상대의 말을 듣는다면 반드시 유익하게 얻을 것이 있을 것이다. 선입견을 버리고 열린 마음으로 환희심을 가지고 상대의 말을 듣는다면 설령 잘못된 말을 들었더라도 반드시 자기에게 유익한 것을 얻을 것이다.

… 행복이라는 것은 기쁨이다.
음식을 대할 때 기쁘고 사람을 만날 때 기쁘고,
가는 곳마다 기쁘고 하는 일마다 기쁘다면
그 사람은 행복과 함께하는 것이다.

… 행복과 불행은 고유의 성품이 있는 것이 아니라, 바라보는
관점의 차이이다. 행복의 관점에서 바라보면 이 세상 어느
것이든 모두가 나를 행복하게 하기 위하여
존재한다는 것을 알게 될 것이다.

… 우리들이 악하다 선하다 함은 겉보기일 뿐이다.
그 참 모습은 고유의 성품이 있으며 악과 선은 조금도 다른
것이 아니며 일체를 갖추고 있으며 일체가 숭고하다.
… 살인, 강도 등 극악한 죄인일지라도 나를 보는 것처럼
공경하는 마음이 있다면 비로소 생명의 참 모습을 볼 수 있고
그래야 참다운 생활을 할 수 있다.

… 부모와 처자식이 예수요 부처이다.
가정 가정마다 성인이 살고 있음을 안다면 극락, 천국 아닌
가정이 없다는 것을 알 뿐 아니라 오직 영원한 행복과 함께
한다는 것을 알 것이다.

… 자기를 바로 본다면 자기가 완전한 존재란 것을 알게 되며 원래에 모든 것이 갖추어져 있다는 것을 알게 되며 자기가 행복과 영광 속에 살고 있음을 알게 된다.
나 밖에서 극락과 천당을 찾는 것은 꿈속의 잠꼬대이다.

… 우리는 욕심이 마음의 눈을 가려서 순금을 잡철로 착각하고 있다. 자신을 위하는 생각을 버리고 남을 위하여 도우는 마음을 낸다면 욕심이 사라지면서 마음의 눈이 열려서 깨끗한 자기를 보게 된다.

… 우리는 겉모습을 보고
나의 기준에서 상대를 평가하므로 상대의 가치를 왜곡한다.
모든 사람들은 모두 존경받을 만한
가치가 있음을 알고 받들어 모셔야 한다.

… 우리는 물질 만능주의에 물들어서
자신의 본 성품과 멀어져 있다.
자기의 성품은 큰 바다와 같고 부와 명예는
물거품과 같음을 알아 본 성품을 봐야지
거품을 따라 가서는 안 된다.

… 신이 우리를 구원하러 오신 것이 아니라 원래 구원되어 있음을 가르쳐 주려고 오셨다.
우리 모두가 크나 큰 행복의 조건 속에 살고 있음을 알아 나날이 행복 넘치는 축복 속에서 살아야 한다.

… 천지는 한 뿌리요 만물은 한 몸이라 한다.
일체가 나 아님이 없고 내가 곧 일체이며, 모두는 평등하고 낱낱이 고유의 성품을 갖고 있다.

… 천지는 자비의 미소를 머금고 우리 곁에 있다.
하느님은 천둥소리보다 더 큰 소리로 우리를 인도하려
하지만 우리는 구름이 앞을 가려
밝은 태양을 볼 수 없다.
그러므로 자기의 본 성품을 깨끗이 하면 그 자리가 천국임을 바로 알게 될 것이다.

… 만약 어떤 사람이 늘 낙천적이고 긍적정이며 유머와 에너지가 넘치면서 어떤 상황에서도 화를 내지 않을 정도로 자기 감정을 조절한다면 그는 다른 사람으로부터 사랑과 존경을 받을 것이다.

… 성인과 성인은 서로 시기 질투하는 일이 없지만 그 제자들은
진리를 완전히 습득하지 못했기 때문에 상대를 시기 질투한다.
그러므로 시기 질투하는 말을 하는 사람이 있다면
그는 깨닫지 못한 사람이라고 보면 틀림없다.

… 이 세상에서 상처와 고통이 없는 사람은 단 한 사람도 없으며
그 고통에는 신비한 힘이 숨어 있다.
사람들은 고통을 통하여
서로가 연결되어 있음을 깨닫고
연민의 마음을 가지게 된다는 것이다.

… 세상을 살다보면 참 어려운 사람이 있다.
그러나 알고 보면 상대가 나를 어렵게 해서라기보다
나 자신이 상대를 어렵게 느끼기 때문에 일어나는 현상이다.

… 다름 사람과 좋은 인간관계를 만드는
비결은 상대의 자존심을 살려 주는 것이다.
왜냐하면 사람들은 자신이 남보다 못하지
않고 싶은 본능이 있기 때문이다.
그래서 사람들은 나쁜 일에 책임지기보다는
좋은 일을 자기의 공으로 돌리려는 경향이 있는 것이다.

… 소망은 갖는 사람에게 복이 되고 버리는 사람에겐 화가 오느니 우리 모두 소망을 안고 살아가면서 선한 도덕과 착한 윤리를 위하여 최선을 다하라.

… 지혜로운 사람은 매 순간 최선을 다하므로 후회하는 삶을 살지 않고 언제나 광명 안에서 자신만을 위하여 살지 않고 남을 섬기는 이치를 배우며 살아간다.

… 살면서 가장 힘든 일은 자신이 틀렸음을 깨닫고 스스로 인정하는 것이다. 자신에 대해 솔직해지는 1분은 자기를 기만한 몇 년보다 더 값지다.

… 용기의 첫 번째 적은 망설임이다.
삶에서 가장 파괴적인 말은 내일이라고 한다. 내일부터 하겠다고 하지만 내일이 오면 또 내일 하겠다고 말한다. 생각을 실천에 옮기는 방법은 그냥 실천하는 것이다.

… 사람을 인간답게 만드는 것은 책이다. 책에서 이런 저런 인생을 만나면서 다른 사람들은 어떻게 위기를 극복했는지 나는 어디로 가고 있는지 성찰할 수 있다.

… 우리들의 생활은 습관적인 행동의 연속으로 대부분 무의식적으로 끌려가는 경우가 많지만 생각 없이 행동하다보면 그 결과는 예상 외로 심각할 수 있으므로 늘 자신의 말과 행동에 대한 반성이 매우 중요하다.

… 승자와 패자는 차이가 있음이니 승자는 문제 속으로 뛰어들지만 패자는 문제의 주변을 맴돈다. 승자는 눈을 밟아 길을 만들고 패자는 눈이 녹기만을 기다린다.
승자는 과정에서 즐거움을 느끼지만 패자는 결과를 보면서도 행복감을 느끼지 못한다.

… 정직한 사람은 진실에 대한 확신이 오랫동안 그를 지켜준다. 그것이 바로 신뢰이다. 정직하지 못한 사람은 오늘의 신뢰를 악용하기 때문에 내일의 신뢰마저 상실한다.
하지만 끝까지 정직하게 행동하는 사람은 말과 행동이 일치할 때에만 얻을 수 있는 진정한 자유를 누린다.

… 현명한 사람은 실패의 과정을 중시하고
어리석은 사람은 실패의 결과를 중시한다.
과정을 중요시할 때에는 반복 실패할 확률은 줄어들지만
결과를 중요시할 경우에는 반복하여 실패할 확률이 높아진다.

… 현명한 사람은 자기 허물부터 보지만 우둔한 사람들은 타인의 잘못은 잘 보지만 자신의 잘못은 자세히 보지 못할 때가 많다. 왜냐하면 자기의 틀에 맞추어 색안경을 끼고 상대를 바라보기 때문이다.

… 돈은 겉사람의 머리를 숙이게 만들지만
진실한 마음은 속사람의 머리를 숙이게 만든다.
앞에서 숙이고 뒤에서 손가락질 받을 것이 아니라
상대의 마음을 움직이는 게 낫지 않겠는가.

… 상대가 실수했을 때 처벌은 최후의 수단이 되어야 한다.
누군가 좌절하고 있을 때
그를 크게 꾸짖는 것은 가장 비열한 행동이다.

… 노인들의 장수 최고의 비결은 감사하는 생활이라 한다.
자기 주변 모든 것에 대하여 애정과 감사의 마음을 갖고
있다는 것은 스트레스를 줄여주기 때문이다.

… 부탁을 기습적으로 하면 승낙을 받을 확률이 높아진다.
사람들은 갑자기 예기치 못한 부탁을 받을 경우에 당황한
나머지 부탁을 들어 주는 것이다.

… 산책은 우연에 내맡겨진 걷기다.
서두르지 않고 한가로이 다가오는 느낌에 스스로 맡긴 채
산책하는 자는 순간의 풍경을 음미한다.
조급하고 바빠서 아무것도 보지 않고 다음 약속을 향해
다음 약속을 향해 나아가고 있는 사람과 정반대다.
걷는 것은 길과 자신의 둘만의 대화이기 때문에 한없이
솔직해질 수 있다.

… 미국 초등학생이 가장 두려워하는 것은
첫 번째는 부모의 이혼, 두 번째는 핵전쟁,
세 번째는 암, 네 번째는 환경오염이었다.

… 몸속의 세포는 온도를 뺏기면 죽는다.
피부의 죽은 세포는 떼어낼 수 있지만
몸속의 세포는 그럴 수 없기 때문에 오히려 살아 있는
세포의 기운을 빼앗아 각종 병을 일으킨다.
그러니 얼짱, 몸짱보다 속짱이 돼야 한다.

… 삶의 지혜에 눈을 뜨면 행복이 보인다.
행복은 긍정하는 데 있지 부정하는 데 있지 않다.
이 세상은 긍정하는 사람과 행복이 함께한다.

… 바닷물이 파도가 되어 출렁이면서
튀어 오른 물방울이 바로 나이다.
물방울은 바다가 아닌 줄 알지만 알고 보면 바다다.
바닷물이 하늘에 가면 구름이 되고, 나무에 가면
나무가 되고, 땅에 가면 땅이 되고, 사람이 마시면 사람이
되지만 그 역시 알고 보면 근본은 바다이다.
그래서 깨달은 사람은 이 세상에 나 아님 없다고 말한다.

… 산 위에 두둥실 떠 있는 흰구름, 저 녀석 조금 전까지만 해도
내 몸 안에서 뛰어놀던 바로 그 숨결이다(나태주 시 中)

… 기회와 위기는 한 몸에 붙어 있는 앞뒤 모습과 같아서
우리네 생애에는 몇 번이고 기회와 위기가 있는 것이다.
기회를 잡으면 성공하는 삶이고 위기를 잡으면 실패하는
삶이 된다.

… 인생 팔십에 뒤돌아 보니 그렇게 안타까웠던 지난일들도
별거 아니더라고 한다. 지금이 순간 지나고 나면
그렇게 가슴 아픈 일들도 별것이 아니었구나 생각이 들면서
한 조각 아련한 추억이 되어 남을 것이다.

… 사람들은 자신이 자연 속으로 들어가서 자연에 안겨
합일의 세계가 된다고 생각한다.

… 깨달은 사람은 자신의 내부로 자연을 끌어들여
자연과 합일을 꿈꾼다.
자연과 내가 둘이 아니고 하나였음을 아닌 것이다.

… 마음의 여유를 가지고 어떤 일에 대하여 지긋이 생각하고
마음의 촉수를 한쪽으로 모으는 일에서부터
명상과 고요는 출발한다.

… 마음은 차가운 물이 세차게 흘러가는 강물과 같다.
그 강물은 건너는 것이 만만치 않은데
그것이 곧 세상살이이다.

… 산을 오를 때 뒤를 자꾸 돌아다 보며는 정상을 오르기가
힘이 들 듯이 인생살이도 뒤를 자꾸 돌아다보면
살아가는 데 힘이 든다.
목표를 정하고 오직 묵묵히 거북이처럼 쉬지 않고 걷는
자만이 정상에 도달할 수 있다.

… 산을 오를 때 올라가다 힘들면 쉬어가지 하고 생각하는 사람이 정상을 오른다는 것은 정말 어려운 일이듯이 인생살이 또한 그렇다.

… 선행에 상을 주고 악행에 화를 주는 것이 하늘이요, 선한 자에게 상을 주고 악한 자를 벌 주는 것이 사람이라 하니. 하늘과 사람이 다르기는 하나 그 도리는 같다.

… 비록 도적의 소굴에 있다 하여도 행하여야 할 올바른 길을 실천한다면 선한 사람이지만 신선과 함께 살아도 간탐심이 있어 스스로를 폄하한다면 악한 사람이 틀림없다.

… 그 사람으로 인해 지금은 힘들지라도 새로운 길 떠나기보다는, 이왕에 벌여놓은 일들이 정리될 때쯤 나를 그리워하는 사람이었으면 좋겠다는 마음으로 상대를 대하라.

… 궁둥이는 여전히 가볍고 가슴은 두근거리기를 좋아하지만 육체의 눈보다는 마음의 눈으로만 가능한 그 일을 위해 나는 보다 더 조용해져야 하고 고즈넉해져야 하고 안으로 침잠해야 하리라.

… 갱년기를 지나 아이를 가질 수 없을 때 여인은 더욱 아름답고 지혜로운 사람은 벌인 일을 정리할 때가 가장 아름답다. 그러나 대부분의 사람들은 삶이 너무 치열하여 가을에는 쓸쓸함을 느낀다.

… 사람이 60조의 세포 하나하나가 증식시키면 자신과 똑같은 사람을 만들 수 있다 한다. 그 세포가 전생의 기억도 모두 다 가지고 있다 하니 티끌 속에 우주를 머금는다는 말이 가슴에 와 닿는다.

… 겨울을 이겨내고 핀 매화꽃의 향기가 진하듯이 고난을 겪고 얻은 성공의 향기는 천지를 향해 퍼져나갈 것이다. 그래서 인내는 쓰나 열매는 달다고 한다.

… 몸을 먼저 바꾸어야 마음이 따라서 바뀐다. 그래서 사람들은 몸이 멀어지면 마음도 멀어진다 하였다.

… 하루에 책 한 페이지 보는 사람과 하루에 술 한 병 먹는 사람이 오늘 내일 차이가 나지 않을지라도 10년, 20년 세월이 가면 영원히 따라가지 못하는 사이가 될 것이다.

… 인간의 목숨은 순간이다.
그래서 성인들은 인간의 목숨을 호흡지간이라 한다.
마치 순간에 타오르는 불꽃 같은 것인데도
사람들은 그 순간적인 불꽃에 매달려 안타까워하고 있다.

… 글이란 것은 문장 너머 보이지 않는
존재와의 간절한 타협의 결과다.
충분히 기다리고 달래고 어른 나머지 형성되기 때문이다.
문장에서 마음의 결이 들여다보여야 하며
영혼의 그림자까지 비춰준다면 더 좋은 글이듯이
사는 것도 글을 쓰는 것과 같다.

… 말 속에는 영혼이 깃들어 있다.
성경에도 '네 말대로 되리라' 말하느니
그렇기 때문에 말도 저주를 하거나 축복을 하면
그렇게 된다.

… 사람들이 생각대로 행동이 잘 따라주지 않는 것은
생각보다 느낌의 힘이 세고 뿌리가 깊어서 그렇다.
상상력도 이러한 느낌에서 출발하기 십상이다.

… 지혜 있는 사람은 자신의 마음을 잘 들여다 볼 줄 아는
사람이다. 자신의 마음속에 바람이 불고 있는지,
구름이 끼어 있는지,
아니면 꽃이 피어 있는지 아는 사람은 마음이
가는 길을 아는 사람이리라.

… 삶은 말 밖의 말이요 문자로 되는 것이 아니며
경전 외의 별도로 전함이니 가르쳐주지 않는데도
배운 바이고 주지 않았음에도 가져 감이다.

… 인생을 바꾸려면 삶을 바꾸어야 한다.
삶의 내용과 질을 바꾸고
세상을 바라보는 시각을 바꾸어야
한다는 생각으로 살아야 한다.
그래서 긍정적인 생각은 희망을 낳는다.

… 명성이란 것이 애당초 부질없는 것이기도 하거니와
또 그것이 아무렇게나 하루아침에 이루어지는 것도 아니다.
또 명성이란 것도 따라주어야지 따라 간다고 해서
잡혀 주는 것도 아니다.

… 사람은 누구나 실패한 만큼 성공을 거두는 법이다.
떠난 만큼 돌아오고 준 만큼 받는 것도
인생의 한 엄격한 법칙이다.

… 상대를 감동시키려면 내가 나를 인정해주고 내가 나한테 먼저 만족해야 한다. 나 하나 감동시키지 못하면서 어찌 세상으로 나아가 다른 사람을 감동시킬 수 없다.

… 살면서 너무 빠르게 살려고만 하지 말고 조금은 천천히 살려고 노력해야 한다.
남의 마음을 들여다보지 말고 내 마음을 더욱 자주 들여다 보노라면 행복은 스스로 찾아와 그대의 이름을 조용히 불러 줄 것이다.

… 우리는 더 순수해져야 하고 맑은 마음이어야 하고 보다 더 강건해져야 현실적인 욕망을 이겨낼 수 있다.

… 강물은 결국 바다로 흘러가게 마련인 것처럼 인생도 결국은 제가 가고 싶은 곳으로 흘러가기 마련이다.
이것은 인생의 법칙이며 자연과 우주의 어길 수 없는 순리이다.

… 자기 자신을 찾으려면 자세히 보고 오랫동안 보아야 한다. 그것은 어둠 속에 들어갔을 때 천천히 어둠에 익숙해지면서 주위가 조금씩 눈에 들어오는 것과 같다.

… 이 세상에서 시간보다 더 무서운 명령자가 또 어디 있겠는가? 무릇 생명을 가진 존재치고 시간과의 계약을 어기거나 유예시킬 수 있는 생물체는 아무것도 없다.
그래서 성인이 말씀하시길 촌음을 아껴 써라고 하고 일촌광음불가경이다 하여, 순간순간의 시간을 헛되게 보내지 말라고 하였다.

… 시간은 새싹의 나무 꽃의 나무, 여름의 나무도 기약해 주지만
낙엽과 과일과 빈 나뭇가지의
가을나무와 겨울나무도 불러온다.
당신이 행복해지고 싶다면
고운 빛깔까지 더불어 갖기를 주문해 보라.

… 글을 잘 쓰려면 아름다운 것들만 쓴다고 되는 게 아니다. 그의 삶이 진실해야 하며 언행이 반듯해야 하고 아는 것과 행동이 진실해야 좋은 글이 나올 수 있다. 글이 잘 써지지 않는다면 자신을 돌아봐야 한다.

… 상대를 감동시키는 것은 진정성이다. 아무리 좋은 말로 포장하여도 진정성 여부를 상대방은 알아보기 때문이다. 지혜가 밝은 사람은 특히나 더 잘 알아 본다.

… 마음이 깨끗해지면 눈이 맑아진다.
눈이 맑지 않다는 것은 마음에 번뇌가 가려있다는 것이다.

… 사람의 얼굴을 위에서부터
눈 → 귀 → 코 → 입 → 몸 순서로 있다는 것은
가장 멀리까지 보이는 것은 눈이며,
그보다 좀 가까이 들을 수 있는 것은 귀이며, 밑에 가까이 갔다 내어야 하는 것은 코이며, 넣어주어야 아는 것이 입이며, 직접 찔러야 아는 것이 몸이다.
순서에 따라 멀리서 가까이로 순서대로이다.

… 일본에서 밥 세 그릇을 담아 놓고 칭찬의 말을 계속 들려준 밥과, 욕을 막 해준 밥과, 무관심하게 내버려둔 밥을 똑같은 환경에서 일주일 후에 비교해보니 칭찬의 밥은 발효되어 있었고, 욕을 한 밥은 시어있었으며, 무관심한 밥은 썩어 있었다 안다.
그래서 무관심이 욕을 하느니보다 더 못하다는 것이다.

… 내 마음의 상처가 깊을수록 남의 상처가 크게 보인다.
그래서 사람은 시련 속에서 진정한 행복을 발견할 수 있는 것이다.

… 장미를 볼 때 부정적인 사람은 가시부터 먼저 보고
긍정적인 사람은 꽃부터 먼저 본다.
희망을 그릴 때 희망이 찾아오는 법이다.

… 좋고 나쁜 기분이란?
보고 듣고 만지고 맡고 맛보는 감각
즉 오감을 통해서 표현되는 것으로써
평소 자신에게 입력된 이미지와 결합되어
나타나는 것이며, 깨달은 사람은 좋고 나쁨에 치우치지 않기 때문에 감정에 끄달리지 않는 것이다.

… 행복해지려면 먼저 맑고 깨끗하고 겸허한
마음을 가져야 한다.
물과 같은 마음을 가져야 한다.
오만하고 흐린 마음을 지닌 사람의 대문에는
행복이 찾아오지 않는다.

··· 서로 통하는 마음이란?
내가 저였다면, 내가 저것이었다면 하고 생각하고, 느끼고, 바라보고, 모든 것이 안쓰럽고, 불쌍하고, 눈물겹게 여겨질 때 통하는 것이다.

··· 행복해지려면 항상 배우는 자세를 유지해야 한다.
천지 만물한테 고루 배우는 학생이기 때문에 스스로 낮추는 마음이 생기고 이미 가졌던 것들을 버리는 마음이 생기고 항상 처음처럼 순수해지므로 행복은 찾아온다.

··· 우리가 시를 보고 있어도 그 가운데에서 그림을 볼 줄 알아야 하며 그림을 보고 있어도 그 가운데에서 시를 볼 줄 알아야 올바르게 감상하는 것이다 하겠다.

··· 사람들은 자기 자신이 원하는 대로 되어간다는
사실을 모르기 때문에,
신이나 하느님이나 부처님이 이끌어 주는 것으로 알지만,
모든 것은 자신이 가지고 있는 자율성이요,
독립성이요, 생명력이며
자신이 곧 운전수임을 알지 못하기 때문이다.

… 지혜 있는 사람은, 마음은 보이지도 않고 들리지도 않고,
만져지지도 않지만 마음이 세차게 흐르는 것 같고
일렁이는 것 같은 느낌들을 감지하기 때문에, 끌려가지 않고
자기 페이스를 유지할 수 있다.

… 종교는 결론을 기정사실화해놓고
그쪽으로 꾸준히 가고자 하는 노력에서 출발하며,
신의 완전성에 자기를 몰입시키고
자기를 억제하고 소멸시키는 과정이다.

… 행동하는 사람이란 직접 생활에 참여하여 행동하는 사람이며,
자동차를 운전하는 사람이고, 달리는 사람이고,
무엇인가 열심히 일을 하는 사람이다.
나는 과연 행동하는 사람인가 방관자인가?

… 우리들 마음은 마치 불난 집과 같다.
각 감정들이 서로 먼저 밖으로 나오려고
뒤엉켜 아우성을 지를 때
선후와 완급의 질서를 주는 작용을 하는 것이
바로 지혜이다.

… 과거 현재 미래 중 우리가 가장 좋아하는
시간은 미래이다.
미래는 아직 오지 않았기 때문에 꿈꿀 수 있고 희망이 있고,
기대도 부풀어 있다.
그러나 미래가 꿈꾸는 대로 밝게
빛나고 성취 되느냐의 여부는 지금 현재에 무엇을 하고
있는지에 달려 있다.

… 현재는 과거의 반성과 성찰로 다시 세워져야 계속 발전하고
진보하여 더 나은 곳으로 나아 갈 수 있다.

… 몸의 독소는 물을 많이 먹고 운동을 하고 정갈한 음식을
먹으면 비교적 쉽게 제거된다.
그러나 마음의 독소로써 만병의 근원인 스트레스는
주의 집중으로 명상함이 마음 해독의 비밀이다.

… 하루 중 단 5분이라도 성인을 생각하고,
성인의 가르침을 생각하고, 성인의 가르침을 독송하고,
마음을 고요히 하여 자신을 깊이 성찰하신다면 반드시
지혜가 증장하고 행복과 함께할 것이다.

… 돌에 앉아 단단함을 배우고, 물에 앉아 맑음을 배워,
대나무를 보면 곧음을 생각하고, 달을 보면 밝음을 생각하네,
어느 것 하나 스승 아님이 없는데,
사람들은 산과 숲과 떨어져 따로이 놀고 있네.

… 하늘이 주는 재앙은 열심히 참회기도 함으로써
피할 수 있으나 스스로 만드는 재앙은
과보를 피할 길이 없다.

… 예수와 석가모니가 서로 다르기는 하지만
두 분 모두 참된 진리를 체험하면서
내적인 평화를 이뤘고 이를 자비와 사랑으로 실천하였다.
서로 다른 문화와 전통에서 체험한 진리이지만
두 분 모두가 인류의 복리증진을 위해서 오신 구원자이다.

… 역사는 흔적을 남긴다.
역사는 후대에 교훈을 주어서
잘못된 역사는 반복되지
않도록 하고, 바른 역사는 계승하려 한다.
그것이 바로 역사의 흔적이며 자료의 힘이다.

… 구제역으로 살처분한 가축이 엄청나게 많지만,
우리 인간들은 그들의 억울한 영혼에 회개하기보다는
축산 농가의 아픔과 이를 땅에 묻는 사람들의 정신적
고통에만 신경을 쓴다.
이러한 우리 인간이 과연 만물의 영장인가?
만물의 범죄자인가?
지구상 모든 생물체 연합회의에서
지구가 살려면 인간들 다 죽으면 된다는 어느 현자의 말이
가슴에 와 닿는다.

… 병은 지은 업으로부터 생기고 업은
마음으로 말미암아 쌓였다.
마음의 근원은 일어난 곳이 없음을 알면 병과 업과
이 몸이 모두 구름의 그림자 같다.

… 등산가 겸 산사진작가인 장국현 씨는 이렇게 말하였다.
“하늘의 도움 없이는 신비한 산악 영상과 신령스런 소나무를
만나기는 어렵다.
왜냐하면 성산을 오르려면 산신의 허락을 받아야 하기
때문이다.”

… 기도를 하여 마음을 고요히 가라앉히면 마음에 쌓였던 번뇌의 잡동사니가 가라앉으면서 집중력이 높아진다. 집중력이 깊어지면 마음의 힘이 강해져 기의 문이 열리기 때문에 마음이 가는 곳에 기도 따라 다닌다. 그러므로 우주 만물의 실체인 기氣가 엉겨서 현상 세계에 물질로 나타난다.

… 예수님 말씀에 "마음이 가난한 사람이 복이 있나니, 천국이 자기 것이다" 하는 것은 마음의 번뇌가 사라지면 긍정의 힘이 생겨 가지려고 집착하는 마음이 사라지면서 오욕락이 덧없음을 알아 차리므로 자연히 불만이 만족으로 바뀐다는 의미이다.

… 예수님 말씀에 "겨자씨만 한 믿음이 있으면 산을 바다로 옮길 수 있다" 하는 것은 불경에서 "믿음은 도의 근원이고 공덕의 어머니다"하는 말과 같은 의미로써 공자의 '인의예지신' 의 신과도 같은 의미이다. 서울 4대문이 '인의예지' 로 되고 그 중앙에 보신 각信을 세운 이유를 생각해 보자. 그래서 불교는 신 해 행 증으로서 믿고 이해하고 실천하고 증득하는 종교이며, 예수교는 신 행 증으로서 무조건 믿고 따르고 실천하는 종교이다.

예를 들어 아무리 허준 같은 명의일지라도 믿지 못하는 환자를 치유할 수는 없는 것이다.

… 욕심을 비워 물질에 걸림이 없으면
지혜는 자연히 생기게 되며
지혜가 생기면 집착하는 바가 없으므로,
삶 자체가 즐거울 뿐 걸림이 없어진다.
그래서 신선은 한가로움을 즐기는 사람이다(한중락) 하였다.

… 나는 낮에 공동화장실 불을 켜 놓고 환풍기는
돌아가고 하는 것들을 볼 때마다 가슴이 철렁 내려앉는다.
왜냐하면 드나드는 이들의 복이 달아나면
어쩌나 하는 안타까운 마음에서지 관리비 차원에서 하는
말이 아님을 믿어주길 간절히 바랄 뿐이다.

… 마음을 고요히 하면 무심의 상태가 오고
영성적 감각이 떠오르게 되며,
이때에 지혜의 눈이 열리고 사물의 진상을
꿰뚫어 보게 되므로, 일어날 일을 정확히 예측할 수 있으며
이를 신법神法이라 한다.

… 마음을 고요히 하고 잡다한 번뇌 망상이 가라앉으면
자신도 모르게 모든 감각이 열리게 된다.
그때 지혜의 문이 열리며 하늘에서 내려오는 신선한 기운을
받으므로 피로한 줄도 모를 뿐 아니라 본능에 따라 행동하여도
이치에 어긋남이 없어진다. 이를 일러 무애행이라 한다.

… 인생의 막다른 골목에 이른 것 같아도
확고한 신념을 가지고 용기를 내면 변화가 일어나며,
그래서 궁하면 통한다 하였다.
비 온 뒤에는 반드시 푸른 하늘이 열리게 된다.

… 인간의 끝없는 욕망으로 인해 지구 곳곳이 기상이변으로
인한 재앙이 일어나고 있으며, 환경문제의 근본해결책은
오직 단순하고 소박하게 규율을 지켜 절제하는 생활을
하는 수밖에 없다. 자연의 생태계는 인류의 손길이 미치는
한계를 초월해 있다는 것을 깊이 인식해야 한다.

… 자기 내면이 고요할 때 근본 자리인 본 성품이 나타나며
청정한 마음이 되어 지혜가 나온다. 마치 가리고 있던
구름에서 벗어나면 해는 다시 빛나는 것처럼.

… 내가 대상의 입장이 될 때에 내가 대상이고 대상이 내가 되는 대상과 나는 하나가 되어 마침내는 모두가 하나 됨을 알아차린다. 그리고 다시 대상은 대상이고 나는 내가 된다. 그래서 성철 스님은 "산은 산이요, 물은 물이다." 하였다.

… 옛말에 "잘되는 집안의 뒤뜰에는 똥을 싸도 거름이 된다." 하였다. 일어나는 집에서는 길 가는 처녀 아무하고 결혼시켜도 좋은 며느리가 들어오지만, 안 되는 집에서는 백 번 선을 봐도 집안 망치는 며느리가 들어온다. 흥망은 며느리에게 있는 것이 아니라 집안에 흐르는 복의 문제이다.

… 위대한 인물치고 집중력이 좋지 않은 사람은 있을 수 없다. 집중력을 통해서 자기 내부의 참나와 만날 때 창조적인 아이디어가 분출한다.
그러므로 집중력은 인생의 꿈을 현실화시키는 가교가 된다.

… 인생을 잘 살려면 순간순간을 그 목적으로 삼아야 한다. 삶의 한순간도 자기 것이 아님이 없으니 최선을 다하여야 한다. 인생을 잘 사는 사람은 순간의 업무에 자신의 전 존재를 몰입시킨다.

··· 직장생활을 돈을 벌기 위함을 목적으로 삼는다면
그 사람은 돈의 노예가 되어 힘들게 살아갈 것이며
주인공은 되지 못한다. 주인공은 돈을 따라 가는 것이 아니라
일 자체에 신성성을 부여한다.

··· 지혜로운 사람은 내가 곧 우주요,
우주가 곧 나임을 아는 사람이다.
나라고 하는 상을 버릴 때 우주는
나의 활동무대이며, 나의 벗이며, 나의 몸이다.

··· 어떤 사람이 이웃을 경멸한다면
이는 곧 자신을 경멸하고 자학하는 것과 같다.
현명한 사람은 이웃을 경멸하지 않으며,
자신이 이웃과 한 몸이며 한 덩어리임을 알기 때문이다.

··· 마땅히 하여야 할 일은 하기 싫은 법이며,
하지 않아도 좋은 일은 하고 싶은 법이다.
나쁜 일할 기회는 쉽게 찾아오지만
좋은 일할 기회는 드물게 온다.
좋지 않은 일은 오늘 그만 두고 좋은 일은
내일로 미루지 말자.

··· 부모덕 없는 사람은 신랑 복이 없고 신랑 복이 없는 사람이 자식 복이 없다 한다.
이는, 전생에 지어놓은 업보가 지중하기 때문이다.
그러나 악업은 선업으로 멸할수 있으므로 부지런히 복을 지어 간다면 운명은 분명히 바뀐다는 것을 확실히 믿어 선행을 지어 선업을 쌓아 가는 데 한 치의 게으름도 없도록 해야 할 것이다.

··· 분노할 일에 분노할 줄 모르는 사람은 바보이다.
그러나 정작 분노할 일에 분노하지 않는 사람이 현명한 사람이다. 또한, 침묵이 능사는 아니다. 침묵할 때와 말할 때를 가려서 해야 한다.

··· 발전해 가는 삶이란? 나보다 더 나은 존재(부처님, 예수님 등)에 주파수를 맞춰 나가는 데 있다. 나보다 높은 존재를 닮으려는 노력, 이상을 향해 끊임없이 추구해 나갈 때 삶은 한층 더 희망적이고 발전적으로 나아가게 된다.

··· 마음을 수행하는 데 특별한 왕도는 없으며, 굳건한 믿음을 바탕으로 과정에 충실할 뿐 결과에 대하여 집착하여서는 안 된다.

지혜의 완성에 대한 집착보다는 하루하루 쉼없이 수행해 나가다 보면 지혜는 새벽에 길을 갈 때 이슬이 옷에 배이는 것처럼 자기도 모르게 증장되어가는 것이다.

… 사람은 잘났다는 상이 클수록 세상살이가 더 힘들어진다.
잘나고 못난 것은 상대가 인정할 영역이지
자기 자신의 소관이 아니다.
그런데 우리 인간은 일의 성취 과정에 대한
노력보다는 일의 결과에 대하여 인정받는 것에 더 노력하기
때문에 인정받지 못하는 것이다.

… 남을 위해서 작지만 좋은 일을 하면 선업이 쌓이기도
하지만 그 순간도 매우 기쁘다.
좋은 일을 하면 상대방이 기뻐하기 전에 자기부터 기쁘다.
선한 업을 짓는 이 순간은 행복의 무지개 속에 있는 것이다.

… 봄이 오면 산과 들에는 온갖 꽃들이 지천으로 피어나며
꽃마다 웃지 않는 꽃이 없지만,
내 마음의 꽃은 언제, 어디에서 필 것이며
내 마음의 화평은 언제나 올 것인가 생각해 보자.

… 태산준령을 쉬이 넘기 어렵지만 쉬지 않고 가다보면 넘어갈 수 있듯이, 내 마음의 준령도 쉬이 넘기 어렵지만 쉬지 않고 정진하면 대각의 때 오리라.

… 얼굴의 화장은 화장품으로 할 수 있으나,
마음의 화장은 지혜로서만 할 수 있으니,
나를 낮추면 지혜는 증장하고, 나라는 상이 높아지면
지혜는 달아난다.

… 햇빛 드는 동쪽 창가의 난초향이 아무리 좋다 하더라도,
계율의 향기, 선정의 향기, 지혜의 향기, 해탈의 향기, 해탈을 향한 정진의 향기와 어찌 비교할 수 있겠는가.

… 자기의 재능을 찾아 그 길로 가면 하는 일이 즐거워 행복한 삶을 살아 갈 수 있으며 크게 성공할 수 있다.
자기가 하기 싫은 일을 열심히 하면
남만큼 따라 갈 수 있으나 창의력은 나오기 어렵고,
자기가 하고 싶은 일을 열심히 하면
남만큼 따라 갈 수도 있을 뿐 아니라, 자기만의 것을 만들어 내는 창조력이 생겨 크게 성공할 수 있을 것이다.

희망 메시지 3

겨울 숲이 적막한 것은 추위 때문이 아니라
새들이 떠나고 없기 때문이며,
사람들의 마음이 쓸쓸한 것은 가진 것이 부족해서가 아니라
사랑이 충만돼 있지 않기 때문이다.

… 새가 알을 깨지 않으면 높은 하늘을 볼 수 없고, 산을 넘는
수고로움이 없으면 넓은 세상을 볼 수 없다.
큰 산은 큰 세계를 가리고 있고
작은 산은 작은 세계를 가리고 있다.

… "100% 믿습니다." 아무리 말을 하더라도 실천적 행위가
없으면 아무것도 이룰 수 없다.
믿음이 전제로 된 집중력으로 마음을 닦아 가는 실천력을
기도라고 한다.

… 겨울 숲이 적막한 것은 추위 때문이 아니라
새들이 떠나고 없기 때문이며,
사람들의 마음이 쓸쓸한 것은 가진 것이 부족해서가
아니라 사랑이 충만되어 있지 않기 때문이다.

… 자손들이 살아가는 모습을 보면 조상들의 선행을 알 수 있다.
선대들의 기도와 선행의 결과는 한 치도 헛될 리 없다.
재산을 물려주면 당대를 못 넘길 수 있지만,
선행을 물려주면 자손은 반드시 받기 때문에
재앙은 멀어지고 복락과 함께할 것이다.

… 보통 사람들의 삶은 탐심과 성냄과 어리석음을 영양분으로 자기중심적 오욕락을 일으키지만, 지혜로운 성인의 삶은 남을 사랑하고 남의 슬픔에 가슴 아파 하고 남의 기쁨에 즐거워하며 남에게 주는 것을 자양분으로 삼아, 우주적 연민의 정으로 이타행으로 살기 때문에 어디에도 걸림이 없어 유유자적한 무애행을 즐기며 살아간다.

… 지혜가 없어 운명에 허덕이다 보면 그 인생은 끝난 것과 다름없다. 정해진 운명은 없는 것이다. 생각하고 굳건한 신념을 가지고 기도하면서 부단히 노력한다면,
자기 의지가 극대화되어 반드시 성공할 것이다.

… 성인의 말씀은 너무나 청정하고 깨끗하기 때문에 마음그릇에 가득 찬 번뇌의 찌꺼기를 비우지 않고서는 들리지 않는다.
왜냐하면 성인의 말씀은 귀로 듣는 것이 아니라 마음으로 들어야 하기 때문이다.

… 돌을 그냥 물에 넣으면 가라앉지만 돌을 배에 실어 물에 띄우면 절대로 가라앉지 않는다.
간절한 기도는 배와 같아서 아무리 두꺼운 업장도 실어 나를 수 있다.

… 약을 먹는 것은 고기를 먹는 것보다 못하고,
고기를 먹는 것은 밥을 먹는 것보다 못하다.
그러므로 평소에 식사를 잘하는 것보다
더 좋은 건강 유지법은 없다.

… 몸살이 나서 약을 먹는 것보다는 평소에 식사를 잘하는
것이 건강관리를 하는 데 최고이듯이,
기도 역시 생활 속에 녹아 있어 쉼 없이 꾸준히 하여야 한다.

… 술을 마시지 말라는 것은
너무 많이 마시지 말라는 뜻이 포함되어 있으며,
이성을 마비시켜 자기 본분을 잊어버려
술로 인해 가족과 이웃이 불편해지는 것을 경계한 말이다.
음식으로써 교제 차원에서 적당히 마시고
스스로 통제할 수 있다면 큰 문제는 되지 않을 것이다.

… 바르고 좋은 일은 어서 행하라.
행한 뒤 그 기쁨 필히 있나니 세상의 모든 이치 이와
같아서 착한 사람 복 지어서 복을 받는다.

… 우리는 우연이란 말을 쓰지만, 결코 우연이란 없는 것이다. 과거 전생부터 또, 이생에 와서도 만날만한 인연이 있어 만난 것이다. 그래서 모든 인연은 우연이 아닌 필연인 것이다.

… 아무리 작은 것이라도 늘 감사하는 마음을 가져야 한다. 설령 기대만큼 결과가 나오지 않더라도 만족하며 좀 더 열심히 하려는 마음을 가질 때 감사의 에너지가 다시 돌아와 기쁨이 배가 되는 것이다.

… 사람이 하는 일 없이 넋을 놓고 있어도 병이 생기는 법인데, 자괴감에 정신을 빼앗기면 모든 것이 깡그리 끝장나고 마는 것이다. 문제가 있다면 그 해결 방법도 당연히 있음을 알라.

… 재물을 쌓아 놓고 보시할 수는 없다. 현재 상태에서 성의껏 주위 사람에게 베풀어라.
샘물을 퍼내면 새 샘물이 솟듯, 복도 나누어야 복이 들 것이다.

… 닭과 개가 집을 나가면 찾을 줄 알지만 놓아 버린 마음은 찾을 줄을 모른다.
지혜를 증장시키는 것도 놓아 버린 마음을 찾는 것일 뿐이다.

… 남이 듣기 싫은 성난 말 하지 마라. 남도 내게 그렇게 답할 것이다. 악이 가면 화가 돌아오나니 착한 마음으로 부드럽게 말한다면 그는 이미 지혜를 완성한 사람이리라.

… 지혜로운 사람은 항상 남에게 베푼다.
탐내는 마음이 없어 자기가 지은 공덕을 이웃에게 돌린다.
그런 보시가 진정한 보시이다. 그는 살아서는 복을 받고
죽어서는 천상에 태어나게 된다.

… 명문가의 집안을 조사해 봤더니 보시를 즐겨하는 집안은 대대로 명문으로 지내왔으나, 베풂을 인색하게 한 집안은 그 명맥이 길지 못하였다 한다. 왜냐하면, 보시를 즐겨하면 인심을 잃지 않아 남의 도움을 받아 왔으나, 보시를 즐겨하지 않으면 인심을 잃었기 때문에 남의 도움이 줄어들었기 때문이었다 한다.

… 순간순간을 수단으로 삼지 말고 순간순간을 목적으로 삼아야 한다. 등산하는 사람은 등산 자체가 재미있고 목적이 되어야 한다. 그리하면 매 순간 최선을 다할 수밖에 없을 것이다.

… 시경에서 "고산을 우러러 보면서 대도로 나아간다."라고 하였다. 목표를 크게 세워야 도달할 수 없다 하더라도 마음은 그쪽으로 향하기 때문에 이루어질 확률이 커진다는 것을 의미한다.

… 맹자가 말하기를 마음을 수고롭게 하는 자는 남을 다스리고 몸을 수고롭게 하는 자는 남에게 다스림을 받는다 하였다. 현대에서도 머리로써 일하는 사람은 억대의 연봉을 받을 수 있지만, 몸으로 일한 사람은 적은 월급을 받을 수 있다.

… 성인이 말씀하시기를 군자는
의리에 밝고 소인은 이익에 밝다 하였으며,
이익을 보거든 의리를 생각하고 의롭다는
것을 안 뒤에야 재물을 취한다고 했으며,
의롭지 못하게 구한 부귀를 성인은 뜬구름같이 본다
하였으니, 성인들은 공리보다는 인의를 우선으로 하였다.

… 손금이 아무리 좋아도 얼굴의 상만 못하며
얼굴이 아무리 좋아도 뼈의 상만 못하고
뼈의 상이 아무리 좋아도 마음의 상만 못 하다고 한다.
그래서 지극히 선한 사람이라면 운수가 나쁘더라도

그 사람을 잘못되게 할 수 없으며,
지극히 악한 사람이라면 운수가 아무리 좋더라도
그 사람을 잘되게 할 수 없다는 것이다.

… 운명은 구하는 대로 얻어지는 것이므로
지극한 정성을 다하여,
부귀를 구하면 부귀를 얻고,
아들을 구하면 아들을 얻고,
명예를 구하면 명예를 얻고
오래 살기를 원하면 오래 살게 된다.

… 우리가 가지려고 하는 일체의 것들은, 알고 보면 꿈과 같고
환상과 같고 물거품 같고 그림자 같은 것임을 알아서
가지려는 집착에서 벗어날 때에 행복은 당신과 함께할
것이다.

… 우리가 착한 생각 하나를 일으켜서 다른 사람에게 이익을
주고 사회에 이익을 주면 그 사람은 복을 받을 것이며,
반대로 나쁜 생각 하나를 일으켜서 다른 사람에게 손해를
주고 사회에 손해를 끼친다면 그 사람은 벌을 받을 것이다.
그래서 인과는 3세를 지나도록 이어진다 한다.

… 진짜 행복은 대가를 바라지 않기 때문에 비싸지 않으며, 물질로 포장된 가짜 행복은 그 대가가 비싸지만 풀어 보면 행복은 달아나고, 더 좋고 더 큰 행복만 보이게 된다. 이는 마치 소금물 마시고 갈증 나듯이 한다. 세상은 원대로 구원되어져 있으며, 본래로 아름다운 것임을 아는 자는 지혜로운 사람이다.

… 행복과 불행은 대상에 따라 변해지는 것이 아니라, 대상이 고정된 상태에서 바라보는 시각의 차이에 따라 다르게 비춰질 뿐이다. 기도를 함으로써 대상을 바꾸는 것이 아니라 부정적 시각을 긍정적 시각으로 바라봄이 바뀔 뿐이다.

… 최근 한 농가에서 안락주사를 맞은 어미 소가 숨져가는 와중에도 갓 태어난 새끼에게 끝까지 젖을 물렸다는 기사를 보고 정말 가슴이 아팠다.
과연 우리가 부모님의 공덕에 비하여 얼마만큼의 효행을 하고 있는지 자문하여 본다.
성인이 말씀하시길 부모님께 드리는 것은 공덕이 되지만, 자식에게 주는 것은 전혀 공덕이 되지 않는다고 하였지만 실천하기 힘든 이유는, 사람들은 공덕 짓는 것은 힘들어 하고 공덕이 되지 않는 것은 좋아하기 때문이다.

··· 보통의 사람들은 작은 일은 소홀히 하고 큰일은 열심히 하려 하지만, 지혜 있는 사람은 작은 일이나 큰일이나 똑같이 최선을 다한다. 매순간 순간에 최선을 다하기 때문이다.

··· 성인이 말씀하시되 '만물은 변한다. 쉬지 말고 정진하라' 하였으나, 사물은 변하지 않는다. 변하는 것은 우리들 마음이다. 하는 것이 전혀 다른 것 같으나 뿌리는 하나이다.

··· 참된 사람은 거짓 없이 진실하게 표현해야 하며, 자기 마음을 구김살 없이 드러내어 보여주어야 한다.

··· 자기가 하고 싶은 일을 하면서 한평생을 보낼 수 있다면 얼마나 행복할 것인가. 잘 나가는 직업과 좋아하는 직업은 엄연히 다르다.

··· 깨달은 사람은 가야 할 때와 물러날 때가 언제인가를 분명히 알고 살아가므로 아름다운 삶을 당당하게 살 수 있다.

··· 한번 만나보면 다시보고 싶지 않은 사람과 가끔씩 만나보고 싶은 사람과 오랫동안 가슴에 품어두면서 계속 같이 있고 싶은 사람이 있다. 나는 지금 상대에게 어떤 사람인가?

… 당신이 살아가면서 지친 영혼에게 위로가 되어주는 사람,
흔들리는 삶에 묵직한 바늘 추를 달아 주는 사람,
시궁창 같은 세상의 한복판에서도
홀로 향기를 머금는 사람, 살아가면서
한두 번만이라도 이러한 사람을 만난다는 것은
참으로 복 받은 일이다.

… 우리가 육체에게 먹이를 줄 때
정신에도 먹을 것을 주어야 한다.
이 둘은 함께 식탁에 앉아야 한다.

… 인생을 차분하게 바라보는
사람은 양로원에 살더라도 마치 궁전에 사는 것처럼
만족한 마음과 유쾌한 생각을 가질 수 있을 것이다.

… 자기 자신을 소박하고 순수하게 만들면 만들수록 우주의
법칙은 더욱 명료하게 다가올 것이다.

… 당신을 내가 만나게 된 것도 실은 한순간의 놀라운 만남이
동시에 영원 속에 지워지지 않을 그런 놀라운 사건
속으로서의 만남인 것이다.

… 나는 지금 어디에 와 있는가?
나는 지금 어디로 향해가고 있는가?
나는 무엇을 보고 있는가?
나는 지금 무엇을 꿈꾸고 있는가? (나태주 시 中)

… 내게 만약 기쁨이 있다면 모르는
사람에게도 손 내밀어 악수를 청하며 참으로
내게 노래가 있다면 세상 모든 사람들에게 몇 소절씩
나의 노래를 들려주리(나태주 시 中)

… 세상의 모든 이치는
글을 알고 모름에 있지 아니하며
학문을 익히면 학자가 되지만,
비록 학문을 모르더라도
마음의 이치를 깨치면 도인이 된다.

… 텅 빈 마음에서 일어나는 마음은 정직하지만,
번뇌 망상에서 일어나는 마음은 잡동사니가 많다.
항상 마음을 고요히 하여 번뇌 망상을 제거하여
지혜를 증장시키는 데 노력해야 한다.

… 결혼은 이쪽 차안에서
저쪽 피안으로 조각배를 타고 항해하는 것과 같다.
애정 없는 결혼은 비극적이며 정서가 맞지
않는 결혼은 지옥이지만 상대의 입장에서 바라보면서
맞추어간다면 반드시 행복의 항해가 될 것이다.

… 예배의 기본은 머리 숙이는 것부터 해야 한다.
머리를 빳빳이 들고 이루어지는 기도는 아무것도 없다.
예禮라고 하는 것은 스스로 교만을 끊는 것일진대
그 머리가 어찌 땅에 닿지 않을 것이며,
만약 내가 내다하면 죄만 더 늘어갈 것이다.

… 밤마다 밤마다 하느님, 부처님을 끌어안고 자고
아침마다 아침마다 하느님, 부처님과 함께 일어나고
앉거나 서거나 항상 함께하고 말을 할 때나 말을 안 할 때나
항상 함께하고 털끝만큼도 떨어질 수 없어서
몸과 그림자가 서로 따르듯 하더라도 만나기 어렵다.
만약 하느님, 부처님이 있는 곳을 알고자 한다면
지혜로써 관조하여 바로 네 속에 있음을 알아라.

… 예리한 칼끝에 묻어 있는 꿀을 핥다가는 혀가 다치기 쉽고, 비상을 만드는 집에서 물맛을 보다가는 죽을까 두렵다. 핥지를 말고 마시지를 않는다면 금의환향하리라.

… 금이 산에 묻혀 있지만 산이 그것을 알지 못하고, 묻힌 금도 산 속에 있음을 알지 못하는 이유는 지혜가 모자라 그러하며, 지혜로운 사람은 그것을 알고 취하므로 자유롭게 쓸 줄을 안다.

… 알음알이도 한때는 모든 것을 알 것 같으나 현실에 부딪치면 그 방법을 찾지 못하고 찾기는 어렵다. 그래서 지혜로운 사람은 배운 바 없어도 걸림이 없으나, 어리석은 사람은 알음 알이가 많더라도 번뇌에 끄달려서 걸림이 많다 하느니라.

… 평등하게 한다고 오리 다리가 비록 짧으나 길게 이어 붙인다면 오히려 불편할 것이며, 학의 다리가 비록 길지만은 그것을 잘라 짧게 만든다면 어찌 슬프지 않겠는가?

… 어느 집인들 맑은 달과 맑은 바람이 불지 않는 집이 있으리오마는, 담을 높이 쌓으면 바람이 없을 것이요, 처마를 길게 늘어뜨리면 달빛은 없을 것이다.

… 진흙이 많으면 모형을 크게 만들 수 있고
깊은 물이라야 큰 배를 띄울 수 있듯이 서원을 크게
세워야 크게 이룰 수 있다.

… 목표를 크게 세우고 생각 생각이 청정하게
그 목표에서 떠나지 않는다면,
반드시 이루어질 것이며 생각이
왔다 갔다 하면 가히 이루기 어려우리라.

… 목표를 크게 세우고 이루어진다는 것은 확실히 믿으며 깊이
이해하려고 열심히 노력하면 반드시 이룰 것이다.

… 사람들은 자기의 문제를 어느 누가 해결해줄 것이다 믿고
있지만, 이 세상 누구도 나의 인생 문제를 해결해줄 이는
아무도 없음이니 오직 스스로 노력하여 얻을 뿐이다.
그러므로 스스로 닦고 스스로 행하여야 한다.

… 만난다는 것은 우연이 아니고 필연이니 우리가 모인 것도
김승규를 보는 것도 반드시 이유가 있을 것이니
그것을 알아차리면 다툴 일이 없을 것이다.

… 지혜를 증장시키려면,
자신의 마음에 그릇되고 악하고
질투하고 탐내고 성내는 마음이 없어서 남을 해치려는
일체의 마음이 없어야 하며 선과 악의 경계를 볼지라도
스스로 그 마음이 어지럽지 않아야 하며
자기의 마음 가운데 조금도 걸리는 바가 없어서
항상 지혜로써 자기의 마음을 살피고
비록 좋은 좋을 많이 했더라도,
그 마음에 했다는 마음이 없어야 하고
자신의 마음을 잘 살펴서 모든 악을 짓지 아니하며
윗사람을 공경하고 아랫사람을 사랑해서 가난한 이웃과
사랑을 나누어야 한다.
자기의 마음을 잘 살펴서 착한 것도 생각하지 말고 악한
것도 생각하지 않으며 항상 자유자재하여 걸림이 없게
살아야 한다.
자신의 마음 가운데에 선과 악에 기울지 않고 가히 무기공에
빠져서 적적한 것을 좋아하지 말고, 모름지기 널리 배우고
많이 들어서 항상 자신의 본심을 알며, 모든 성인의 말씀을
알아서 너다 나다 하는 분별심이 없이하여 깨달음의 본성을
바꾸지 않아야 한다.

… 지나간 과거의 추억을 되뇌지 않고 오지 않은 미래를 걱정하지 말고 지금 하고 있는 일에 집중하여 노력한다면 그 사람은 반드시 행복과 함께할 것이다.

… 자신의 인격은 자신의 마음에서 찾을 일이지 밖에서 찾는 것이 아니다. 항상 마음을 참되게 하여 모든 업장을 녹이고 행동으로 생각으로 말하는 바가 진실하다면 이것을 일러 '인격을 갖춤' 이라 한다. 산은 높아서 귀한 것이 아니라 산에는 숲이 있어서 귀한 것이며, 사람이 몸집이 커서 대인이 아니라 사람에게는 지혜가 있기 때문에 대인이라 한다.

… 죄인 줄 알고 죄를 지으면 죄가 작지만, 죄인 줄 모르고 죄를 지으면 죄가 크다. 왜냐하면 모르고 지은 사람은 반복할 우려가 높기 때문이다. 마치 달구어진 쇠를 한번 잡은 사람은 다시는 잡지 않음이다.
사람이 알고 모르는 것을 살피는 것은 지혜의 몫이다.

… 백 년 동안 지은 죄라 할지라도 한 생각 돌이키면 일시에 소멸하느니 마치 마른 풀이 타는 것과 같으며 타고 난 뒤 아무것도 남음이 없는 것과 같다. 그런고로 부정적 생각을 긍정적 생각으로 바꾸는 것이 행복의 분기점이다.

··· 케네디 대통령이 유엔에서
"나는 항상 유엔회원국들에게 평화 협정하지 말고,
군비축소 회담하지 말고, 휴전 협정하지 말고,
그대들의 마음속에 평화를 심어라" 하였다.

··· 종교를 믿는 근본은 자신의 생각이 정상인가 비정상인가를
알아 차리는 것이다. 자신을 제3자의 눈으로 바라본다면
우리는 그를 가리켜 현자라 불러 마땅할 것이다.

··· 법당에 와야 소원이 이루어진다면 불교 안 믿을 사람 없고,
교회에 가야 천당 간다면 교회 안 갈 사람 없을 것이다.
교회나 절에 막연히 가는 것이 중요한 것이 아니라, 탐진치를
배워서 생활 속에 그 마음을 어떻게 쓰고 있느냐가 중요하다.
마음 씀에 따라서 행복과 불행의 길이 다르기 때문이다.

··· 이 시간 이전의 죄지은 것을 반성하는 것이 참이며
이 시간 이후에 죄를 짓지 않으려 하는 것이 회이니,
어리석은 사람은 지금까지 지어온 죄는 뉘우칠 줄 알아도
이 시간 이후에 짓지 않겠다는 결심이 없는 사람이다.
앞에서 지은 죄를 완전히 반성하지 않는다면 반드시 뒤에
죄를 짓게 되기 때문이다.

… 상호간에 진정으로 통한다는 것은 마음으로 통해야 되지 말로서 통하는 것이 아니다. 그래서 나의 마음이 곧 너의 마음 즉 이심전심이라고 한다. 마음은 마음에서 마음으로 통한다.

… 행복한 사람이란? 가난한 사람은 가난에 편안하고, 부유한 사람은 부유함에 편안하며, 신분이 천한 사람은 천한 신분에 편안하여, 각자 그 자리에서 만족을 느낀다면 행복한 사람이 된다.

… 만약 어떤 사람이 악한 일을 많이 행한다면, 다음 생에 지옥, 아귀, 축생의 몸으로 바뀌어서 태어나며, 만약 어떤 사람이 선을 좋아하고 덕을 쌓는다면 다음 생에는 하늘에서 태어나므로 지금의 몸보다 장엄한다.

… 남을 손해 보게 하면 반드시 자신에게 손해가 온다.
자신을 이롭게 하는 것이 당장의 이익 같아 보이나 이는 지옥으로 가는 열차 티켓이다.
그래서 지혜 있는 사람은 이것을 분명히 알고 있으므로 모든 사람들에게 이익 되는 일을 찾아서 행한다.

… 공덕을 지으려면 선행을 하여야 하는데 순전히 선행만 하고 악행은 하지 않도록 노력한다면, 허물을 고치는 일은 반드시 성공할 수 있다.

… 모든 죄를 짓지 않고 선을 받들어 행하며
스스로의 마음이 깨끗하면 이것이 곧 바르게 사는 일이다.

… 수행하는 사람은 번뇌가 적기 때문에 하루 한 끼만 먹어도 된다. 왜냐하면 수행자는 청정한 마음에 번뇌가 적기 때문에 소모하는 에너지가 적기 때문이다.
그렇기에 수행자는 신체도 자연히 건강해진다.

… 복을 받는다는 것은 하늘의 감응을 구한다는 말이다.
그러므로 성실하고 지극정성으로 하면 영험하겠지만, 건성으로 대충하면 아무런 영험을 얻을 수 없다.

… 그대가 나를 이해하지 못하는 것은 모두 다 오해에서 생긴 일이다. 나는 따지지 않으며, 그저 은혜에 감사하고 존경한다. 그리고 그대가 곤란을 당하여 나의 도움을 필요할 때에는, 나는 전심전력으로 그대를 도울 것이다.

… 몸을 잘 수행한다는 것은 덕을 쌓으면서 하늘에 기도하는 일을 말한다. 수행이란 내 몸에 있는 허물이나 악을 다스려 제거하는 일이다. 이같이 하면 곧바로 실천하는 경지에 이르는 것이 곧 실학이다.

… 성인을 공양하는 것을 즐겁게 생각하고 성인의 말씀을 듣는 것을 즐겁게 생각하며, 성인의 말씀을 전하는 사람을 공경하는 것을 즐겁게 생각하라. 오욕락을 버리는 것을 즐겁게 생각하라. 그리하면 복락은 저절로 따라오리라.

… 복은 취하고자 하면 멀어지고 나누고자 하면 따라옴이다. 복은 구하고자 하면 힘이 들지만 나누고자 하면 스스로 따라온다.

… 육신은 지 수 화 풍 4대 즉 땅기운과 물 기운,
불기운과 바람 기운으로 이루어졌으며, 몸은 독사와 같아서 자기를 위하여 한평생 바라기만 하지만 이 몸 다해 저승 가면 따라오지 못하며 흩어지고 만다.
이러한 사실을 바로 알아서 자신의 심성을 깨끗이 한다면 그는 반드시 천당에 갈 것이다.

… 제일 바보같이 사는 사람이 먹는 것을
즐거움으로 아는 식도락이다.
학은 적게 먹지만 오래 산다.
나 이외의 모든 중생을 이익 되게 살아야 하며,
스승을 받들어 모시는 것을 즐거이 하라. 항상 베풀면서 살되
도덕성을 견지하면서 살고 참고 견디는 것을 근본으로
삼아 항상 욕되지 아니하고 부드럽고 화목하게 살면
행복은 나와 같이할 것이다.

… 아무리 종교에 심취하더라도 행하지 않는다면
복덕을 받지 못하는 것이며,
설사 종교를 믿지 않더라도 믿고 선으로
행하면 복덕은 저절로 따라올 것이다.
우연으로 얻어지는 복이 있다면 그는 스스로를 옭아매는
동아줄이 될 것이다.

… 지혜의 능력은 이 세상 사람들이 모두 다 가지고 있다.
다만 마음이 어리석은 연고로 능히 스스로 깨닫지 못하니
모름지기 대선지식이 인도하는 길을 이정표로 삶아 지혜 있는
사람이 된다면 반드시 깨달음에 이를 것이다.

… 우리는 누구나 쓰임새가 있어서 이 땅에 태어난 것이다. 심지어 악인도 악한 시대에 쓰이기 위해 태어난 것이다. 그렇기에 누군가로부터 나의 존재 가치가 송두리째 무시된다면 그것은 참으로 견디기 어려운 고통일 것이다.

… 멀리서 산을 보면 무척 아름다워 보이지만 막상 가까이 가면 신비감은 떨어지고 만다. 그처럼 아내나 남편의 얼굴도 거리를 두고 바라보면 아주 예쁘게 보인다. 그림을 감상할 때도 적당한 거리를 두고 감상해야 하듯이 모든 관계는 적당한 거리를 둘 때 가장 잘 맺어짐을 알아야 한다.

… 상호간에 공감대를 돈독하게 유지해 나가려면 이해를 위한 노력이 필요하다. 이해를 하겠다고 상대의 자아보호 영역까지 깊숙이 파고 들어가 모든 것을 속속들이 파헤치는 것은 이해가 아니다. 공감대를 돈독히 하는 수준에서는 적당한 거리가 있을 때 진정한 이해가 이루어진다.

… 살면서 큰일을 당하거나 고통스러운 일에 직면하게 되면, 그것을 해결하느라 밤새 한숨 못 자고 이 궁리 저 궁리한다. 거기서 생각의 힘이 키워지는 것이다.

… 가난에서 벗어나고자 강한 신념으로 무장할 때 온갖 고통을 이겨내며 도전을 한다.
그런 강한 성취동기, 강한집념, 끈기, 의지, 열정은 모두 부족을 느끼고 모자람을 느낄 때 태동하는 것이다.

… 자녀를 사랑한다고 해서 원하는 것 모두를 무조건 들어주고, 원하는 이상으로 필요 이상으로 가득 안겨 주는 것은 자녀를 나약하게 만들 뿐이다.

… 삶을 살아가면서 가장 견디기 어려웠던 때를 생각해보면, 춥고 배고픈 때라고 말하는 사람도 있을 것이다.
그러나 남들에게 무시당할 때처럼 견디기 어려울 때는 결코 없을 것이다.

… 일반적으로 자신의 문제가 해결되지 않았을 때 반복되는 꿈을 꾸게 된다.

… 인간은 태어나면서 한평생 숱한 관계의 늪에서 살아간다.
가족과의 관계, 직장과의 관계, 사람들과의 관계 등이 있다.
우리는 그 관계의 과정에서 기쁨과 행복, 성공과 만족, 희열을 느끼고, 때로는 좌절과 고통과 불만, 실패와 갈등을 느끼며 살아간다. 그렇기 때문에 성공적으로 산 사람들은 곧 관계에 성공한 것이고, 인생에 실패한 사람들은 관계에 실패한 것이다.

… 사람은 고통을 겪어봐야 한다.
일찍부터 고통을 겪으면서 자란 아이들이 훗날 보다 빨리 어른이 되고 그만큼 더 성공에 다가간다.
어린 시절의 고통은 사고력을 키우고 인격을 성숙시키는 데 큰 도움이 된다.

… 글로써 끊임없이 공부하여 학식을 넓히고 행동을 제약하여 예를 다하며, 어진 마음으로 사랑을 키우는 사람이라면 그를 일러 현자라 부를 것이다.

… 한 알의 모래 속에서 세계를 보며
한 송이 꽃 속에서 우주를 본다.
그대 손바닥 안에 무한을 담고 한순간 속에 영원을 담으리.

… 허물은 마음에서 지어지지만 또한, 마음으로 말미암아 고칠 수도 있다. 이는, 나무를 베어낼 때 잎을 따고 가지를 쳐낼 것이 아니라 뿌리부터 잘라내는 것과 같다.

… 꿈은 어떤 신비로운 현상이 아니라 마음속에서 생각하는 바를 그려내는 그림과 같은 것으로 꿈 분석을 통해 내면의 세계를 들여다 볼 수 있다.

… 누구나 사랑하는 사람을 좋아하는 만큼 자신의 마음을 닦아간다면 지혜 있는 사람이 되지 않는 이는 아무도 없을 것이다.
사랑하는 사람을 좋아하는 것은 감성의 자비를 받으며
마음을 닦는 것은 이성의 지배를 받기 때문이다.
감성은 계란과 같고 이성은 바위와 같아서 계란은 쉽게
깨어지나 바위를 깨기는 힘이 드는 것이다.

… 행복한 삶이란?
과거를 후회하지 말고 미래를 두려워하지 말며,
바로 이 순간 주어진 여건에 만족하여 최선을 다하여
살아가면서 현재를 즐기는 것이다.

… 착한 마음을 지닌 사람은 바른 생각이 눈앞에 나타나면서 잘못된 생각에 물들지 않기 때문에 현명한 판단을 하게 된다.
이는 마치, 해가 뜨면 귀신이나 마귀가 사라져
버리는 것과 같다.

… 물은 만물을 이롭게 할 뿐 다투지 않는다.
마음이 물처럼 되면 마음은 땅과 사이좋게 지내고,
마음이 물처럼 되면 마음은 연못과 사이좋게 지내고,
마음이 물처럼 되면 마음은 어질고 착하게 지내고,
마음이 물처럼 되면 말은 믿음이 되고,
마음이 물처럼 되면 정치는 선정이 되고,
마음이 물처럼 되면 가진 능력은 자연히 발휘된다.
그런 까닭에, 물은 다투지 않으므로 허물이 없다.

… 우물은 동네가 바뀌어도 옮겨갈 수 없고,
아무리 퍼내도 없어지지 아니하고,
내버려 두어도 넘치지 아니한다.
그래서 얻음도 없고 잃음도 없으므로
항상 그 덕이 한결같고
쓰임에 친하고 소원한 이를 가리지 않을 뿐 아니라,
한결같고 두루함을 일러 우물의 도道라 한다.

… 인간의 삶이란 자신의 사형 날짜를 기다리는 사형수와
같다. 나의 목에 걸릴 밧줄을 의식하고 살아간다면
어리석은 삶이 되지 않을 것이다.

… 결국은 죽게 되리라는 사실을 누구나 알지만 자기가 죽는다고는 아무도 믿으려 하지 않으며, 자신은 죽지 않을 것이라고 자신을 속이며 살아간다. 만약 자신이 죽는 것만 믿어도 살아가는 삶은 달라질 것이다.

… 감나무의 감이 꼭 익어야만 떨어지는 것이 아니듯이 사람의 죽음이란 게 꼭 나이 든 사람에서부터 순서대로 오라는 법칙은 없다.

… 세상에서 가장 힘들다는 돈을 버는 일은 풍류를 즐기듯 이렇게 유랑하여서는 결코 성공할 수 없다는 사실을 깨달을 때쯤이면 세월은 많이도 흘렀을 것이다.

… 논리든, 이성이든, 아름다움이든, 생명이든,
무한히 계속할 수 없는 모든 것이 끝나는 곳에
결국은 믿음만이 남는다.

… 부모는 고생 고생하여 자식을 키우면서, 잘 키워 놓으면
노후 대책이 될 것이라 생각하지만 현대의 자식들은
부모 모실 생각 추호도 없음이니 이를 깊이 인식하여
자식에 대한 집착을 내려놓는다면

생활에 여유를 가질 수 있을 것이라 생각한다.

… 과거를 잘 살았던 잘못 살아왔던지 과거를 비추어 보아서
미래를 바라보는 눈을 뜬다면 소중한 거울이 될 수 있다.
우리 삶에 어느 것 하나 영원한 것은 없으며
있는 그대로가 모두다 귀중한 것이다.

… 습관은 성격을 만들고 성격은 그 사람의 운명을 결정짓는다
할 수 있다. 좋은 습관을 갖는 것은 복을 받는 지름길이다.

… 한나라 화공모연수에게 뇌물을 바치지 않아 흉노족
호얀야에게 잡혀간 왕소군은
오랑캐 땅에서 고국을 향한 그리움을 호지무화초胡地無貨草
춘래불사춘春來不沙春이라는 시로 고독한 심정을
노래했으며, 노무현 대통령이 탄핵기간 중의 봄에
춘래불사춘이란 고사성어를 인용해 화제가 되었으나,
결국은 비운의 죽음을 맞이하였다.
입이 보살이라 한다.
우리 모두 희망을 노래하면 희망이 따르고
절망을 노래하면 절망이 따른다는 것을 깊이
인식하여야겠다.

… 마부작침磨斧作針 도끼로 바늘을 만든다는 고사성어로써
아무리 어려운 일이라도 중도에 포기하지 않는다면 반드시
이룬다는 뜻이다.
이태백은 이 말을 듣고 한눈팔지 않고
열심히 공부하였다 한다.
그러나 내가 보기에는 목표를 세울 때 신중하지 못했음이
더 크게 보이는 것은 무엇 때문일까? 생각해본다.

… 사람이면 누구나 재물과 명예를 바라지만
아무나 다 얻을 수 있는 것이 아니며,
정당한 수단으로 얻은 것이 아니면
그것을 지니기는 정말 어렵다.

… 성인이 죽음에 대하여 말하는 것은 삶과 죽음을 동시에
진행되고 있기 때문에 죽음을 망각하지 않도록 일깨우기
위함이다.
삶과 죽음이 호흡지간이지만 우리 인간은 영원히 살 것처럼
생각한다.

… 움직이지 않는 물고기는 맑은 물에서도 눈에 띄지 않으며
흙탕물에서 노는 물고기는 크게 뛰어도 보이지 않는다.

… 군군 신신 부부 자자君君 臣臣 父父 子子는
대통령은 대통령다워야 하고 신하는 신하다워야 할 것이며
아버지는 아버지다워야 하고 자식은 자식다워야 하듯이
우리 사는 사회에서 자유롭되 내부규율을 엄연해야 하고
각자가 자기소임을 다할 때 사회는 안정될 것이다.

… 우리는 누구나 쓰임새가 있어서 이 땅에 태어난 것이다.
심지어 악인도 악한 시대에 쓰이기 위해 태어난 것이다.
그렇기에 누군가로부터 나의 존재 가치가 송두리째 무시된다면
그것은 참으로 견디기 어려운 고통일 것이다.
상대도 나와 같다.

… 멀리서 산을 보면 무척 아름다워 보이지만 막상 가까이
가면 신비감은 떨어지고 만다. 그처럼 아내나 남편의
얼굴도 거리를 두고 바라보면 아주 예쁘게 보인다.
그림을 감상할 때도 적당한 거리를 두고 감상해야 하듯이
모든 관계는 적당한 거리를 둘 때 가장 잘 맺어짐을 알아야 한다.

… 상호간에 공감대를 돈독하게 유지해 나가려면
이해를 위한 노력이 필요하다.
이해를 하겠다고 상대의 자아보호 영역까지 깊숙이 파고

들어가 모든 것을 속속들이 파헤치는 것은 이해가 아니다. 공감대를 돈독히 하는 수준에서는 적당한 거리가 있을 때 진정한 이해가 이루어진다.

… 살면서 큰일을 당하거나 고통스러운 일에 직면하게 되면, 그것을 해결하느라 밤새 한숨 못자고 이 궁리 저 궁리한다. 거기서 생각의 힘이 키워지는 것이다.

… 가난에서 벗어나고자 강한 신념으로 무장할 때 온갖 고통을 이겨내며 도전을 한다. 그런 강한 성취동기, 강한 집념, 끈기, 의지, 열정은 모두 부족을 느끼고 모자람을 느낄 때 태동하는 것이다.

… 자녀를 사랑한다고 해서 원하는 것 모두를 무조건 들어주고, 원하는 이상으로 필요이상으로 가득 안겨 주는 것은 자녀를 나약하게 만들 뿐이다.

… 삶을 살아가면서 가장 견디기 어려웠던 때를 생각해보면, 춥고 배고픈 때라고 말하는 사람도 있을 것이다. 그러나 남들에게 무시당할 때처럼 견디기 어려울 때는 결코 없을 것이다.

… 일반적으로 제기된 자신의 문제가 해결되지 않았을 때
반복되는 꿈을 꾸게 된다.

… 인간은 태어나면서 한평생 숱한 관계의 늪에서 살아간다.
가족과의 관계, 직장과의 관계, 사람들과의 관계 등이 있다.
우리는 그 관계의 과정에서 기쁨과 행복, 성공과 만족,
희열을 느끼고, 때로는 좌절과 고통과 불만,
실패와 갈등을 느끼며 살아간다. 그렇기 때문에 성공적으로
산 사람들은 곧 관계에 성공한 것이고,
인생에 실패한 사람들은 관계에 실패한 것이다.

… 물은 원래 아래로 흐르는 것처럼
도움도 위에서 아래로 흐른다.
내가 기억해야 할 일은 내가 자식에게
얼마나 많은 것을 해 주었느냐를 기억할 것이 아니라
내가 부모로부터 얼마나 많이 받았는지를 기억해야 한다.

… 창조적인 사고란 타성에서 벗어난 것이다.
인습적으로 굳어져 있는 경계나 벽을 허물고 나와야 한다.
고정관념에서 벗어날 때
속박의 틀은 깨어지고 창의력이 증진될 것이다.

… 모든 존재는 변화한다.
오직 변하지 않는 것이 있다면
변하지 않은 것은 아무것도 없다는 진리이다.
어차피 바뀔 것이라면 긍정적으로 바뀌고자 노력해야 한다.
어차피 늙는다면 복덕을 지어가면서 곱게 늙자.

… 책을 읽으면 지식이 축적되고
마음을 읽으면 지혜의 문이 열린다.
그러므로 마음 닦음의 수행을 통한 체험이 따르지 않는 한,
지식이 축적될지는 모르겠으나 결코 지혜는 얻을 수 없다.

… 우리 진정 행복하게 살아가자 증오 속에서도 증오 없이
미워할 사람도 미움을 버리고 우리 자유롭게 살아가자

우리 진정 행복하게 살아가자 질병 속에서도 질병 앓지 않고
병자들 속에서도 병듦 없이

우리 건강하게 살아가자 쾌락 속에서도 쾌락을 따르지 않으며
우리 자유롭고 평화롭게 살아가자

… '역경계' 는 질병이나 분쟁 등 나한테 오지 않기를 바라는 것이며 '순경계' 는 재물이나 명예 등 나한테 왔으면 하고 바라는 것이다. 역경계의 속박은 덜 하지만 순경계는 더 위험하다. 역경계는 겸손이 따르므로 쉽게 물들지 않지만 순경계는 자만이 따르므로 쉽게 물들기 때문이다.

… 멍청하게 먹기만 하는 돼지처럼 이리저리 뒹굴며 자는 어리석은 사람은 계속해서 자궁에 들어감을 면치 못하리라. 하여 마음을 닦는 공부를 하지 않는 사람은 윤회의 속박에서 벗어나지 못한다. 항상 음식을 절제하면 괴로움이 적어지고 목숨을 보존하여 오래 살 수 있다.

… 건강이 가장 큰 이익이다.
또한 어떤 것을 받더라도 만족하는 것이 가장 큰 재산이며, 신뢰가 가장 가까운 친척이다. 그러나 해탈에 견줄만한 행복은 없다.

… 승리자는 증오를 낳고 패배자는 괴로움 속에 살아 가네.
평화로운 자는 이기고 지는 다툼을 버리고 행복하게 살아 가네.
이긴 자는 몸이 불안하고 패배자는 마음이 괴롭다.

… 각자가 깨달은 지혜는 남에게 설명할 수도 없고,
그렇다고 감출 수도 없고,
삼매에 이르더라도 타인이 헤아릴 수도 없다.
이것은, 이해하는 것으로는 알 수 없고 아는 것으로도
가늠할 수 없는 것을 말하며 지혜의 완성이
곧 해탈이라 한다.

… 완전한 깨달음을 얻으면 한량없는 삼세의 원인과 결과가
모두 나타나서 스스로의 성품이 때 묻지 아니함과 선정의
두루 함을 나타내기 때문이다.
허공은 두루 하지 않음이 없고 경계는 수용하지 않음이 없다.
지어감이 없는 깨끗한 지혜는 본래 이와 같고
원융한 삼세의 인과법도 이러함을 알게 된다.

… 깨달아서 한 생각에서 널리 무량컵까지 바라보며 가는
것도 없고, 오는 것도 없고, 머무는 것도 없다.

… 깨달음을 증득하면 마음에 분별이 없어서
널리 있는 바 실상을 알게 되므로,
한 몸을 가지고 좌선하여 법계에
두루 미치지 않는 곳이 없다 한다.

… 지혜의 눈으로 바라보면 모든 것이 자비롭다.
신록의 나무도 신록의 나뭇잎이 되어 빛나고 있는 것이기 때문에 신록에 감동하고 사랑스럽게 생각하는 것이다.
따라서 진정한 자비 행이라는 것은 타인에게 지각시키고, 눈뜨게 하고 지혜를 체험하게 해주는 것이다.

… 세속의 마음 즉 분별심 있는 유한한 마음과 선한 일도 악한 일도 하는 마음 이것이 신앙과 신심의 실체이다.
다라서 각종 자선 사업을 하는
한편, 십자군이나 중동전쟁 등
피투성이의 전쟁을 일으키기도 한다.
그래서 종교와 신앙, 종교와 신심은 완전히 다르다.

… 훌륭한 사람보다는 행복한 사람이 되도록 노력하여야 하며, 행복의 첫 조건인 건강을 소중히 관리하여야 한다.
인생은 마라톤이며, 마라톤 선수는 한 번에 전부를 걸고 뛰지 않는다.

… 웃으면 감사한 마음이 생기고, 감사하면 긍적적인 마음이 생기고, 긍정적으로 생각하면 자심감이 생긴다.

… 실패한 사람은 과거에 집착하여 살지만 성공한 사람은 과거의 어려움을 발전적인 변화의 계기로 여기고, 지금이 가장 좋은 시간이다 라고 생각한다.

… 한순간이라도 딴 생각을 먹으면 전혀 딴 곳으로 가고 말아요.
바느질할 때는 내 몸도 생각 안 해요.
오로지 올 하나 보며 가는 거지요.
사는 것도 그렇게 해야지요.(침선명인 이정자)

… 기회는 아무 사람에게나 다가오지만,
기회를 포착하는 것은 준비된 사람만이 가능하다.
준비되지 않은 사람에게 찾아 온 기회는 무용지물이다.
지금 당신은 다가 올 기회를 위하여 무엇을 준비하고 있는가?

… 하루 연습하지 않으면 나의 손가락이 알고
이틀 연습하지 않으면 나의 동료가 알고
사흘 연습하지 않으면 나의 청중이 안다.(장영주)

… 화려했던 시절을 가장 아프게 추억한다는 말이 있잖아요.
올라간 것은 반드시 내려올 때가 있어요.
기쁨이 왔을 때를 가장 경계해야죠.(김제동)

… 재능으로 인정받기보다는 인간성으로 인정받아라. 재능은 머릿속에 기억되지만, 사랑과 배려는 가슴으로 기억된다.

… 박수 받는 사람보다 박수 치는
사람이 세상을 더 아름답게 만든다.
불평 없이 묵묵하게 사는 사람, 착한 사람, 인간성
좋은 사람이 끝까지 기억된다.

… 오복은 인생에서 바람직하다고
여겨지는 다섯 가지 복으로
1. 오래 살고
2. 부귀하며
3. 건강하고
4. 덕을짓고 즐기고
5. 자연스레 명을 다 하는 것이다.
흔히들 치아 건강이 오복 중 하나라는 인식은 잘못된 것이며,
치아의 건강이 몸 전체의 건강에 직접적인 영향을 미칠 뿐
아니라, 치아가 부실하면 식사를 제대로 할 수 없는 등
건강을 해친다고 생각하여
치아를 강조하는 뜻으로 새겨들었으면 한다.

… 담배를 끊으면 한 번 죽는 것이고 술을 끊으면 두 번 죽는 것이고 여자를 끊으면 완전히 죽는 것이다.
건강을 해칠까 봐 이를 취하지 않는 것은 소극적인 사람이지만, 건강에 나쁜 것을 알기 때문에 이를 취하진 않는다면 적극적인 사람일 것이다.

… 심성은 착하고, 생각은 지혜롭고, 행동은 겸손하고, 남을 도와 부지런히 살면 복이 온다.

… 부모님과 아들딸과 배우자를 하늘처럼 섬기는 낮은 마음으로, 언제나 감사하는 참된 마음을 갖는다면 행복은 언제나 나와 같이한다.

… 마음에 즐거움의 빛 없으면 마음에 따듯한 온기의 정 지닐 수 없으며, 따스한 온기의 정이 없으면 참되게 살아갈 수 없다.

… 불은 우주를 밝게 비추는 빛이고 그 빛은 생명의 온기가 되니 진리를 흔히 등불에 비유한다.
불꽃처럼 삶을 사는데도 그렇게 온 정성으로 노력하며 살라는 뜻이 담겨 있다.

… 복은 애써 얻으려 한다고 얻어지는 것이 아니며,
꽃이 피어야 열매가 맺히듯이 세상도,
인생도 되어가는 것이므로,
밥을 짓고,
집을 짓듯이 스스로 지은만큼 얻어지는 것이지,
갑자기 하늘에서 뚝 떨어지는 것은 아니다.

… 돈을 다 써버리고 난 뒤에야 착실하게 돈을 벌어서 얻을 수 있는 행복을 놓쳤음을 깨닫는다.
복권 당첨과 같은 대박행운은 복의 그늘에 도사린 화처럼 불행으로 이어지기 쉽다.

… 복이란 갖추어 미리 준비하는 사람에게 온다.
세상의 도리를 따르고 순리에 순종할 줄 아는 사람을 복 받을 준비가 된 사람이라고 말한다.

… 맡은 일을 만족하게 성취시키려 며는 빨리 얻으려는 마음을 버리고 인내심을 가져야 하며, 잘못되면 처음부터 다시 할 수 있는 자세를 가진다면 그 일을 반드시 원하는 데로 성취시킬 수 있을 것이다.

… 복은 아무런 까닭 없이 받는 것이 아니라 반드시 그럴만한 까닭이 있다는 믿음을 갖고서, 행복할 때 더 낮추어 겸손하고, 불행할 때 인내하며 노력하는 마음가짐을 가져야 한다.

… 옛사람들이 말씀하기를 재財는 곧 재災다 하였으니 행복한 상태에 있을 때에는 곧 다가올 화를 준비하고, 복이 넘칠 때는 곧 이어질 불행의 씨앗을 염려하였다.

… 맹상군은 중국 진나라 · 제나라 · 위나라의 재상을 두루 역임하였기에 사람들은 부귀영화를 천하에서 제일 많이 누린 사람이라 하지만 후대의 현인들은 '부귀와 공명이 맹상군만 하련마는 백 년도 못 가서 무덤 위에 밭을 간다.' 라 하였다. 공자의 후손은 지금도 존경받지만 맹상군의 후손은 어디 있는지도 모른다.

… 치악산의 유래는 잘 알고 있을 것이다.
나의 생각으로는 까치가 종을 쳐서 구렁이가 물러간 것이 아니라 도를 깨닫는 수도자가 자신의 내부에 가로막혀 은산 철벽에 갇혀 도저히 한 발짝도 더 갈 수 없고, 한 발짝도 물러설 수 없을 때에, 새벽 종소리를 듣고 홀연히 깨달았다고 생각한다. 마치 캄캄한 어둠이 새벽 동이 틀 때 물러남과 같았을 것이다. 까치는 새벽을 알리는 새이며 세 번 친 종은 탐 · 진 · 치 삼독을, 구렁이는 번뇌와 업장을 상징한 표현일 것이다. 성불하세요.

… 우물을 맑게 하려고 계속 채워주면 흙탕물을 가라앉힐 수 없다. 흙탕물을 가만히둠으로써 스스로 맑아지는 법이기 때문이다. 사람의 마음도 이와 같아서 쉬고 또 쉬어야만 지혜가 점점 맑아질 것이다.
그래서 성인이 말씀하시길 '놓아버려라' 하고 말씀하셨다.

… 성인의 경지에 가고 져 한다면 밖으로 멀리 바라보는 것을 멈추고 자신의 내부를 바라봐야 한다. 그것을 '조고각하' 라 하기도 하며, '회광반조' 라 하기도 한다. 자신이 찾는 봄은 저 멀리 있는 것이 아니라 자기 집 울타리의 탱자나무에 있음을 안다면 깨달음의 문 앞에 바짝 다가선 것이다.
상대의 평가에 흔들리지 마라. 상대는 상대의 눈으로 당신을 평가하기 때문에 바른 평가는 불가능하다.
오직 자신만이 자신을 평가할 수 있음을 명심하여 살아가야 한다.

… 프로는 상대를 위하여 일을 도모함으로써
자신도 이익 되는 일을 하기 때문에 성공하지만,
아마추어는 자신을 위하여 일을 도모하기 때문에
큰일을 해내기 어렵다.
상대가 곧 하느님이며, 부처님이며,
신이기 때문이다.
서신은 남을 위하는 사람을 도우고
악신은 자신을 위하는 사람을 도와준다.
자신에게 신의 은총이 없는 것이 아니라 신의 은총을 줄만한
사람인가 하는 것을 먼저 생각하여서 자신을 제 3자의
입장에서 바라보는 사람이라면
나는 그를 현자라 부를 것이다.

… 하나를 얻는다는 것은 곧 하나를 잃는 것이다.
물질적인 것 하나를 얻으면 정신적인 것 하나가 줄어들고,
정신적인 것 하나를 얻으면 물질적인 것 하나는 비워지는
것이다. 물질을 얻어 채우는 사람을 범부라 하고
정신을 얻어 채우는 사람을 현자라고 한다.
나는 과연 범부의 길을 갈 것인가?
현자의 길을 갈 것인가?
하는 것은 자신만이 선택할 수 있는 영역의 몫이다.

… 꿈을 꾸고 있다는 것은 젊음이 있다는 것이다.
가지고 있는 중이 없이 현실에 안주한다면
설령 20세의 청춘이더라도 배터리 없는
자동차와 같아서 늙은 사람이라 하겠다.
나이는 숫자에 불과하다.

… 자신을 위하여 일을 한다면 자신의 능력만큼만 발휘된다.
남을 위하여 일을 한다면 선신이 보호해주기 때문에
무한한 에너지가 자신의 내부에서 분출된다.
자신을 위하는 사람을 소인배라 하고 남을 위해 사는
사람을 현자라 한다.
나는 지금 누구를 위하여 이 일을 하고 있는지
생각하면서 살았으면 한다.

… 남이 가져 행복한 것이라 하더라도 내가 가져 반드시 행복한
법은 없다. 모든 것은 다 주인이 있기 때문에 가질만한
사람이 가질 때 행복한 법이다.
어떤 것의 주인이 되려면 먼저 주인으로서
품격을 만들어야 한다.
남이 가져 행복한 것도 자신이 가져 불행한 사람이
이 세상에는 얼마든지 있다.

… 자손이 번창하기를 바란다면 재물을 물려주는 것보다 희망과 용기를 물려주어야 하는 것은 불우한 사람에게 어려운 고비를 스스로 헤쳐 나갈 수 있게 용기를 주는 것과 같다.

… 지혜 있는 사람이 범부보다 나은 것은 지혜로운 사람은 평범한 사람들이 중도에 포기하고 단념한 일을 창조적인 사고력과 탐구욕을 무한히 펼쳐 기적을 만들어 내기 때문이다.

… 고난과 아픈 가슴을 안고 형성된 인격이 영원히 변하지 않는 것은 마치, 뜨거운 가마 속에서 구워낸 도자기와 같아서 어떠한 외부 환경에서도 변하는 일이 없다.

… 공자가 '삼십에 서고' 한 것은 적어도 삼십 세까지는 담는 것에 신경 쓰지 말고, 자신의 그릇을 크게 만들라는 것이다. 그릇이 형성 되기 전의 빠른 성공은 자칫 교만으로 이어져 완전한 결실을 얻기 어렵기 때문이리라.

… 가난할수록 베풀어야 한다. 부자는 지어놓은 복이 있기 때문에 베풀지 않더라도 지은 복이 다할 때까지는 잘 살지만, 가난한 사람은 복을 짓지 않으면 계속 곤궁하게 살기 때문이다.

… 사람들은 자신의 이익을 위해서
남을 눌러도 된다고 생각하고,
변화나 극복을 시도하기도 전에 걱정만 하고
있으며, 일을 시작도 하기 전에 성취하기 어렵다고
부정적으로 생각하며,
갖는 데 애착하고 자신의 기호에 대하여
끊고자 하는 의지가 결핍되고,
마음수련을 위하여 독서와 명상을 게을리하면서
남들이 자신의 생각에 동조하지 않음을 불평하신다면
그 사람은 행복과 삼만 팔천 리 밖에 있는 것이다.

… 긍정적으로 생각하면 착한 마음이 일어나고 선신이 도우므로
계획한 일을 성취할 수 있지만 부정적으로
생각하면 나쁜 마음이 일어나고
악신이 방해하므로 계획하는 일마다 방해를
받게 되어 성취할 수 없다.

… 삶의 주인공은 자신이기 때문에 긍정적인 생각과 열정적인
자세로 삶을 살아간다면, 그 사람은 자신의 운명을 스스로
개척해 행복으로의 여행을 할 수 있다.

… 미래는 내가 그리는 대로 만들어진다.
삶의 질은 물질을 많이 갖고, 크게 갖느냐에 있는 것이 아니라, 얼마나 긍정적으로 바라보느냐에 달려 있다.
부자로 살면서 가난하게 사는 사람도 있고
가난하게 살면서 부자로 사는 사람도 있다.

… 오늘은 까만 것이 흰 것으로 보이고 흰 것이 까만 것으로 보일 수 있지만 세월이 가면 까만 것은 까만 것으로 흰 것은 흰 것으로 판명된다. 거짓은 진실을 숨기고 겉으로 나타난 것이기 때문에 지혜로운 사람 앞에 거짓으로 위장된 진실은 발을 붙이지 못하는 법이다.

… 사람들은 가진 것보다 가질 것을 귀하게 생각하기 때문에 불행해진다. 내가 소유한 것들을 처음 가지려 했을 때의 마음으로 돌아가 감사의 마음을 가진다면 행복은 항상 같이할 것이다.

… 극한 사항에 처했을 때 자신을 굳게 믿고 운명을 개척해 갈 수 있다면, 당신은 지금 행복의 문 앞에 서 있는 것이다.
행복의 근원은 자신을 굳게 믿음에 있다.

… 일을 시작할 때에 믿음을 가지고
내면으로부터 좋게 시작하면 긍정적인 결과를 가져올 것이고,
부정적으로 시작하면 부정적인 결과를 가져온다.
그러므로 자신의 내면으로부터의 변화를 시작하는 것이
행복과 성공을 향해 가는 진일보이다.

… 마음속에 있는 부정적인 장애물을 제거하여야
삶의 함정으로부터 해방되어야 한다.
마음속의 장애물이 제거되었을 때
행복한 삶이 시작된다.

… 지금까지 불행했더라면
지금부터라도 행복한 삶을 시작하라.
행복하다고 생각하면 행복한 삶이 나와 함께할 것이다.
사람의 마음속에는 행복과 불행을 함께 가지고 있다.
선택은 자기 자신의 자유이기 때문이다.

… 자신이 싫어하는 사람에 대한 미움의 마음을 버리고,
상대에게 다가가 관심을 가질 수 있다면,
나를 경계하던 상대방의 마음도 풀려 나에게로 다가온다.

··· 많은 사람들은 행복한 삶이 물질을 채워가는 것이라고 생각하지만, 진정한 행복이란 채우려는 마음을 비우고 그 자리에 지혜의 마음을 채워가는 것이다.

··· 매일 집안을 청소하듯이 이제는 마음을 돌보아 보라. 지친 내 마음을 닦고 보살펴 줘라. 그러면 내 마음이 아주 높고, 넓고, 깊어질 것이며 밝아질 것이다. 마음이 밝아지면 지혜도 밝아진다. 몸이 맑아지면 우주도 맑아진다. 마치 흙탕물이 가라앉으면 우물물이 맑아지듯이.

··· 내 영혼의 버팀대가 될 수 있는 것은 나의 의지와 결심이다. 그 사실을 알고 있다면 행운을 안고 있는 사람이다. (쇼펜하우어)

··· 이 세상 사람들은 자신이 경험한 세계만을 고집 세우며 그것이 전부라고 여기며, 자기의 눈높이로 세상을 보며 살아가려고 한다.

··· 자기 스스로가 자신이 선택한 나무를 가꾸고 그 열매로 결과를 얻게 되는 게 바로 인생이며, 삶이다.

희망메시지 4

웃으면 감사한 마음이 생기고, 감사하면 긍정적인 마음이 생기고,
긍정적으로 생각하면 자신감이 생긴다.

… 나는 내 아들을 조국을 위하여 바치겠다는 김구 선생님의 어머니, 나는 너를 조국을 위하여 못 바치겠다 나는 조국보다 네가 더 소중하다는 송현 시인의 어머니. 완전히 반대되는 말 같지만 같은 말이다. 자신을 사랑하지 않는 사람이 조국을 사랑할 수 있겠는가?

… 사람들은 논리를 좋아한다. 그렇지만 어떤 사실이 논리적으로 설명을 못했다고 그 사실이 잘못된 것은 아니다. 왜냐하면 그것은 삶 자체이기 때문이다. 논리적으로 따지기를 좋아하는 사람을 경계할 필요가 있음을 명심해야 한다.

… 나는 그동안에 진실을 소중하게 생각하고 진실에 관심이 많았다. 그런데 지금은 생각이 달라졌다. 나의 관심은 진실이 아니라 사실이다. 진실은 자기 관점에서 판단하는 것이므로 위치에 따라서 달라지는 것이며, 사실은 있는 그대로를 말하는 것이다. 그러므로 상대의 판단을 존중해야 하는 이유이다.

… 남의 도움을 주고 나서 받는 것은 선물이고 남의 도움을 받기 위해서 주는 것은 뇌물이다. 선물을 많이 받는 사람은 천국에 가고 뇌물을 많이 받는 사람은 지옥에 간다.

… 전문가는 실수를 최소화한 사람이고,
비전문가는 실수 없이 목적을 만들어 내기 어려운 사람이다.

… 자기 기준에서 판단을 내린 것이라고 모두 맞는 것은 아니다.
하물며 남이 판단한 것을 나의 기준에서 판단하여
잘잘못을 가린다는 것은 매우 어리석은 행위이다.
자신의 잣대로써 판단하면 성장이 멈추게 된다.

… 재물은 눈이 밝아 복 많은 집으로 간다.
재물이 많아도 나눌 줄 모르면 소용없고
글이 아무리 좋아도 쓰지 않으면 소용이 없다.
재물은 나누어야 빛이 나고 그릇은 닦아야 빛이 난다.

… 한때 아름다운 것들을 추억하며 그것이 지금 없다고
상심하는 것은 어리석은 사람이다.
지나간 것은 잊지 않는 한 가슴에 남는 것이다.

… 버려 보라기에 버렸더니 내 마음에는 남음이 없고,
빼기를 하라기에 빼내어 버렸더니 비워진 자리에
더욱 값진 것들이 가득 차 있다.

… 마음에 욕심이 없으면 순리대로 살 수 있고,
마음에 미움이 없으면 누구나 벗이 되고,
가지려는 마음 없으면 항상 풍요롭게 살 수 있다.

… 사랑이란 그 사람의 첫마디가
내 마음속에 아로새겨지는 순간 싹트게 되는 것이다.

… 마음을 먼저 다스리지 않으면
육체적인 건강도 정신과 영혼의 건강도 얻기 어렵다는
걸 지난 삶을 통해 체험했다.(고도원)

… 놀라운 건 꿈을 꾸며 미리 준비가 되어 있었던 것처럼
꿈을 이루게 하는 징검다리가 생겨나요.
저는 꿈을 꾸었을 뿐인데
꿈이 막 이루어지는 거예요(고도원)

… 꿈이 자라고 이루어지기 위해서는
우선 한 사람만의 꿈에 머물지 않는
꿈이어야 한다.(고도원)

… 나는 의사 앞에서 가슴을 열어 보이듯 누군가 내게 와서 한없이 얘기를 할 수 있는 사람이 되고 싶습니다. 한 영혼, 한 영혼을 만나 그 사람들을 변화시키면 그 사람이 우주를 변화시킨다는 믿음으로 아침편지를 쓰고 싶습니다. 그것이 나의 꿈이고 희망입니다.(고도원)

… 복권에 당첨되어 더 행복해진 경우는 거의 극소수이지만
그중에서 더 행복해진 사람의 대부분은 당첨금액의
상당부분을 사회에 환원한 사람들이었다 한다.
가난한 사람들을 후원하거나 자원봉사를 하고
자신의 삶은 예전 그대로 유지한,
자리이타를 행한 사람들이었다.

… 하늘이 내게 복을 적게 주신다면 덕을 쌓는 데
더욱 노력할 것이며,
하늘이 내 몸을 수고롭게 하신다면
마음을 너그러이 갖고자 노력할 것이며,
하늘이 나를 힘들게 하신다면 지혜를 증장시킴으로써
깨달음에 이르는 길로 가도록 노력하겠다.
그러면 하늘인들 어찌 도와주지 않겠는가?

… 포악한 생각으로 남의 생명을 죽이는 사람은 무자비하여지므로 자비의 종자를 끊어 없애는 것이 되며 도둑질을 하면 베풂의 종사가 말라 죽기 때문에 내 것은 아까워서 남 줄 줄 모르게 되며 삿된 음행을 하게 되면 청정의 종자가 말라 없어진다. 상대를 속이고 숨기고 감추게 되어 맑고 깨끗한 생각이 없어지며 거짓말을 자꾸 하다가 보면 믿음이 없어지고 진실의 종자가 말라 없어진다. 술을 자꾸 먹으면 지혜의 종자가 말라 없어진다. 이를 일러 불교에서 5계라 한다.

… 어떤 여자를 마음 간절히 소유하고 싶어하기 이전에 그녀를 소유하고 있는 사람의 행복이란 과연 어떤 것일까 잘 생각하는 사람이 진정한 플레이 보이다.

… 모든 인간은 어느 순간이나 한쪽은 신을, 또 한쪽은 사탄을 향하는 두 가지 갈망이 동시에 존재한다. 지금 당신의 갈망은 어느 쪽을 향하고 있는가?

… 가능성이 조금이라도 있다면 매사를 긍정적이고 건설적으로 보려고 노력하라, 지나치게 비판적인 사람이 되지 말라, 악의적으로 해석하려 들지 말고 주어진 상황 자체에 충실하자.

… 가난한 사람에게 베풀기를 좋아하고, 말하기 전에 생각하며, 판단하기 전에 들으며, 상대에게 관대하다면 절대로 후회하는 삶을 살지는 않을 것이다.

… 인정받고 싶다면 상대를 먼저 인정하고 존중받고 싶다면 상대를 먼저 존중하고 지도하고 싶으면 그대가 먼저 다른 사람들을 존중하라. 이렇게 먼저 실천한다면 그대는 훌륭한 인격자가 될 것이다.

… 고요하게 마음을 가라앉히고 명상을 통하여 진짜인 자신을 만나고 자기 내면의 소리를 들은 후 하고자 하는 일을 계획하고, 최선을 다하여 그 일을 추진한다면 자신이 원하는 대로 반드시 이루어질 것이다.

… 행복은 얻는 사람들의 공통점은 강한 믿음과 자신감과 조급하지 않는 낙천성과 외향적 성격이라 한다.
어떤 일을 행하고자 할 때에, 깊이 생각하여 목표를 정하고 정해진 목표를 향하여 적극적으로 참여하여 나간다면 반드시 이룰 수 있을 것이며, 이룬 후에 성취감에 대한 최대의 행복을 얻을 것이다.

… 지식은 책을 통해 얻는 것이며 지혜는 마음을 통해 얻는 것이다. 지식은 배워서 쌓을 수 있는 것이며 지혜는 경험을 통해서 터득하는 것이다. 따라서 많이 배워도 지혜롭지 못하는 사람이 있고 배우지 않아도 지혜로운 사람이 있는 것이다. 우리는 지혜로운 사람이 되어 마음을 더욱 풍요롭게 가꾸는 사람이 되어야 한다.

… 젊어서 배우지 아니하고 늙어서 후회하는 사람은 어리석은 사람이다. 세월은 사람을 기다려주지 않음이니 보는 것, 듣는 것을 공부재료로 삼아서 오늘 배울 것을 내일로 미루지 말고, 올해 배울 것을 내년으로 미루지 말아야 한다. 지금 이 순간 나는 무엇을 배우고 있는가?

… 간이 병들면 시력을 상실하고 콩팥이 병들면 청력을 잃는다. 병은 사람이 볼 수 없는 곳에서 생겨나지만 결국에는 사람들이 다함께 보이는 곳에 나타난다. 그러므로 군자는 밝은 데서 죄를 짓지 않으려고 어두운 데서도 죄를 범하지 않는다. 다른 사람의 시선을 피할 수 있으나 자신의 마음은 속일 수가 없다. 내가 선하면 거리낄 것이 없고 내가 떳떳하면 두려울 게 없다.

… 한 시간이 모여서 하루가 되고, 하루가모여서 한 달이 되고, 한 달이 모여서 일 년이 되고, 일 년이 모여서 백 년이 되었으니 그 시작은 이 시각이다. 지금 이 시간을 충실히 하면 하루가 충실하여지고, 하루를 충실히 하면 한 달이 충실해지고, 한 달이 충실해지면 일 년, 백 년이 충실해진다. 그러므로 현자는 지금 이 순간에 자신의 모든 역량을 기울여서 최선을 다하는 사람이다.

… 세상을 살면서 어렵고 힘들다면 초심으로 돌아가라. 순수하게 초심으로 돌아가 문제를 짚어보면 마음은 안정되고 삶의 여유를 갖게 될 것이다. 사물을 바라보되 초심의 마음에서 선입견을 버리고 있는 그대로를 바라보며, 항상 처음처럼 받아들이고 배우는 자세를 취한다면, 반드시 희망을 향해 나아갈 것이다.

… 이 세상에서 가장 공정한 것은 내 양심이다. 남의 양심은 측량할 수 없으니, 자신의 양심은 정확하게 측량할 수 있어, 한 치의 속임수도 붙일 수 없는 것이다. 양심은 사물의 가치를 번별하고 자기의 행위에 대하여 옳고 그름과 선과 악의 판단을 내리는 도덕적 의식이다. 바른 양심을 바탕으로 하여 일을 도모할 때라야 부끄럼 없는 큰 성취를 이룰 것이다.

… 즉흥적으로 시작한 일은 이루기 어렵고 감정으로 깨닫는 것은 미혹되기 쉬운 법이다.
목표를 뚜렷하게 세우고 열정을 가지고
중도에 포기하지 않고 끝가지 밀고 나간다면
반드시 이룰 것이다. 하기 쉬운 일은 이루기 쉽지만 성취감은 작고, 하기 어려운 일은 이루기는 어렵지만 성취감은 크다.

… 미움과 원망은 증오를 낳고,
증오는 평화로운 마음을 깨트리며,
몸에는 해로운 독소가 되어 결국은 당신을 파멸시킬 것이다.
오직 마음 닦아 성내는 마음을 스스로
가라앉혀 측은지심으로 상대를 바라볼 수 있다면,
원망은 변하여 사랑이 될 것이다.

… 현명한 사람은 높은 자리에 올라갈수록
자신을 낮출 줄 알아 과시욕과 허영심을 떨쳐낼 줄 알아
적을 만들지 않아 순조롭게 살지만
우둔한 사람은 자신의 능력을 과대평가하여
기초 없는 탑을 쌓으려 하므로 결국 무너지고 마는 것이다.
그러므로, 겸손한 사람은 올라가고 거만한 사람은
내려오는 것이다.

… 자신이 하는 일을 점검 없이 해나가면
결국에는 성취하기 어렵다.
현명한 사람은 내 탓인 줄 알지만,
어리석은 사람은 남의 탓으로 돌린다.
세상이 잠든 고요한 밤 거울로 자기 모습을
비추어 보고 눈동자를 관조하여 보라 빛나고 있는지,
흐려 있는지, 빛나면 희망이고 흐리면 절망이리라

… 마음공부의 단계

1. 일심一心 공부 : 오직 한 마음으로 공부하는 것.
기도를 하더라도 오직 일념으로 해야 한다.
2. 무심無心 공부 : 한 마음조차 사라진 상태.
3. 발 심 공 부 : 무심과 일심을 거친 발심과 거치지 않는 발심에는 차이가 있다. 초심자의 발심은 무쇠와 같다면 일심과 무심을 거친 발심은 강철과 같은 것이다.

… 법률을 굴린다는 것은
아는 만큼 전하고 가지는 만큼 베푸는 것이다.
바로 지금 여기서 자신의 주인이 되어 완전 연소하자,
완전 연소란 지금 여기서 최선을 다하는 것을 말한다.

… 이 세상에서 약이 되지 않는 풀은
어느 것도 없듯이 이 세상에서 태어난 것 중에도
쓰임이 없는 것은 어느 것도 없다.
우리 모두 누군가에게 약초도 독초도 될 수 있다.
나는 과연 약초가 될 것인가?
독초가 될 것인가?
선택은 내가 하는 것.

… 세상을 살아가는 사람은 누구나 행복해지기를 원한다.
불행을 원하는 사람은 이 세상에 단 한 사람도 없다.
지금부터 행복하라. 선택은 나 자신에게 있다.
한 걸음 한 걸음 행복의 길을 걸어가자.

… 소크라테스, 톨스토이가 세계적인 철학자가 된 이유는
악처를 만났기 때문이다.
만약 그들이 현모양처를 만났다면
인생을 고민하지 않았을 것이고,
악처로부터 매일 바가지를 긁어대니까
“도대체 사는 것이 뭐냐?”,
“인생이란 무엇이냐?”, “내가 왜 태어났을까?”
고민하다 보니 위대한 철학자가 되었다.

… 비록 지금 슬픔과 우울에 빠져 있더라도 환경을 탓하지
말고 행복을 위하여 노력과 믿음을 기울여라.
그리하면 자연히 행복한 삶을 살 수 있다.

… 어리석은 사람은 자신을 위하여
살아가는 것이 잘 사는 줄 알지만,
알고 보면 가장 무거운 짐을 진 사람으로 살아서
고생을 하였더라도 죽어서 천국에 가기는 어려울 것이다.
현명한 사람은 다른 사람을 위하여 살고자 하므로,
자신도 행복하고 남도 행복하게 만들며,
살아서든 죽어서든 천국에 사는 것이다.

… 어리석은 사람은 자신의 잘못은 쉽게 용서하지만
남의 잘못은 쉽게 용서하지 않으며 현명한 사람은 자신의
잘못은 용서하지 않지만 남의 잘못은 쉽게 용서한다.
다른 사람을 용서하지 못한다면
결국은 자신도 다른 사람으로부터 용서받지 못함을 알아서,
타인에 대한 배려는 자신에 대한 배려라는 것을
깊이 인식하여야 한다. 왜냐하면,
이 세상 어느 한 사람도 잘못을 전혀 저지르지 않고 사는
사람은 없기 때문이다.

… 물질을 추구하는 사람은 얼굴에서 탁한 기운이 나오고,
정신의 부를 추구하는 사람은 얼굴에서 밝은 빛이 나온다.
지혜 있는 사람은 보면 알 수 있으나,
우둔한 사람은 화장하면 모를 줄 알고 화장으로 감추려 한다.
얼굴은 화장으로 감출 수 있으나
눈동자는 화장으로 감출 수 없음을 우둔한 사람은
모르고 있으나, 지혜로운 사람은 사람을 보면 아는 것이다.
만약 나에게 밝은 빛이 나오면 행복으로 가고 있음이나,
어두운 빛이 있으면 불행으로 살아가고 있음을 알아서,
무당이나 점집을 찾을 일이 아니라
선지식을 찾아가 도움을 받아야만
불행을 희망으로 전환시킬 것이다.
그러나 안타까운 현실은 따르지 않아도 되는
밝은 사람은 유순하여 선지식을 잘 따르지만,
따라야 하는 불행한 사람은 탱자 탱자 하는 것이
마치 칼을 잡은 아이 같아서 자기도 다치고 남도 다치게 한다.
대가를 바라고 처방을 한다면 필경 사이비니,
오히려 화를 면치 못할 것이니 법사의 지도에 따라서
정법으로 간절히 기도하면,
해 뜨면 어둠이 물러가듯이 불행 속에서
행복이었음을 알게 되리라.

… 공부를 잘하려면 수업시간에 배운 것을 새기고 또 새겨서 완전히 소화시켜야 한다. 처음에는 더디고 남들보다 뒤쳐진 것 같지만, 이렇게 하다보면 시간이 지날수록 이해력과 응용력이 뛰어나게 되어 자신도 놀랄 만큼 성적이 올라갈 것이다.

… 슬픈 노래를 부르는 가수는 요절하고, 시끄러운 노래를 부르는 가수는 귀가 멀거나, 음탕한 소리를 내는 가수는 기운이 일찍 고갈되어 불구로 살거나 요절함이니 담담하고 평이한 소리를 내도록 하여야 한다. 공자님께서 말씀하시길 '좋은 말을 하면 천 리 밖에서도 칭찬이 오고, 나쁜 말을 하면 천 리 밖에서도 따르는 사람이 없다' 하였다.

… 유유상종은 초록은 동색이라는 말과 상통한 말이며,
무릇 삼라 만상은 유사한 성질끼리 모이고,
만물은 무리를 지어 살기를 좋아하며
거기서 길흉화복이 생긴다.
어두운 사람에게는 복이 나가는 사람이 모여들고
밝은 사람에게는 복이 들어오는 사람이 모여들기 마련이므로,
불평 불만이 많아 현실에 비판적인 사람과 가까이 하면,
복은 그를 떠나 저 멀리 달아날 것은 자명한 일이다.

… 인간은 신처럼 완벽하지도 않고,
동물처럼 단순하지도 않으며,
때로는 신같이 완벽한 것 같기도 하고, 때로는
동물같이 본능대로 움직이는 욕망의 포로 같기도 한 것이다.
그래서 사람이 신처럼 살아서는 행복을 누리고,
죽어서는 천국에 가는 사람도 있고,
동물처럼 살아 불행하게 살다가 죽어서는 지옥에 가는
사람도 있다.

… 신은 우주가 완벽하다고 생각해서 있는 그대로를 즐기고,
동물은 우주가 완벽하거나 말거나 잘 먹고 편하면
그만이지만, 사람은 조금만 불편해도 환경에 순응하기
보다는 고쳐 나가려 한다.
우리가 지구에게 무엇을 해주었느냐를 생각해서
지구적 입장에서 바라봐 준다면
지구도 인간의 입장을 곤란하게 하지는 않을 것이다.

… 이 세상에서 약이 되지 않는 풀은 없다.
맞게 쓰면 약초이지만 잘못 쓰면 독초가 된다.
과연 나는 이 세상에서 약초인가? 독초인가?
약초도 독초도 내가 만든다.

… 행복 창조 10선

1. 행복도 불행도 내 작품이다.
2. 내가 인因이요 남이 연緣이다.
3. 과거의 인이 현재의 연이다.
   현재의 인이 미래의 연이다.
   구걸하지 말고 창조하자.
4. 바로 지금 여기서 행복할 수 없다면
   언제 어디서 행복할 수 있으랴.
5. 나는 억세게 재수 좋은 사람이다.
6. 모든 것은 한때 다 걱정할 시간에 기도하자.
7. 걸림돌이 디딤돌이다.
   잡초가 약초다.
8. 나는 무한한 가능성을 가지고 있다.
   스스로를 비교하자.
9. 판사가 되지 말고 관찰자가 되자.
10. 언젠가 이 세상에 없을 당신을 사랑합니다.(월호 스님)

… 우둔한 사람은 운명이 이끄는 대로 살아간다고 생각하고
현명한 사람은 자기 자신이 이끌어 간다고 생각한다.
그러므로 우둔한 사람은 주어진 운명에 몸을 맡기지만,
현명한 사람은 지혜를 증장시켜서 운명을 개척하려고

노력하며, 마음을 고요히 하여 깊은 삼매에 들려고도 노력한다.

… 세속의 복은 흔적을 남기는 것이고 살아 있을 때 즉, 육신이 있을 때에만 영험이 있는 것이고 수좌가 닦는 도는 맑고 맑아서 청복이라 복혜가 구족하여 죽어도 따라가는 것이다.

… 낮이 오면 밤이 따라오고 봄이 오면 겨울도 따라온다. 우주에는 성주괴공이 있고 나라에도 흥망성쇠가 있으며, 인간에게는 생로병사가 있다. 한번은 양이 되고 양이 지나면 음이 따라옴이니 우주에 음양의 조화 아님이 없다.

… 새 시대를 여는 철학은 홍익인간* 사상이어야 한다. 그것은 바로 너와 내가 하나 되고 귀하고 천한 것이 하나 되며, 나의 이익을 위하여 남을 해치지 않고 내가 잘 살기 위해서는 남도 잘 살아야 하고, 우리 민족도 잘 살고 다른 민족도 잘 살아야 하며, 사람뿐 아니라 생물과 무생물까지도 잘 살도록 도우는 것이다.

* 홍익인간 : 어떤 사람 이나 어떠한 민족, 어떠한 나라이든지, 나와 너를 가리지 않고 내 몸처럼 이롭게 하는 것을 말한다.

… 삶이란 자연 속에서 나의 위치를 찾고, 그 찾은 위치를
바탕으로 서로 간의 관계를 존중하며
자신의 길을 가는 것이다.

… 과유불급이라 하였다.
과한 것은 부족한 것만 못하다는 것이다.
뱀이 독이 필요하다고 해서 독을 먹으면 뱀이 죽고,
수박을 달게 하기 위해서 설탕으로 거름을 주면
수박이 썩기 때문이다.

… 인신난득이라 하여 사람 몸 받기는 맹구우목이라 했는데,
그런 소중한 사람이 내가 아닌 남이라고 어찌 괄시할 수
있으며, 우리나라 사람이 아니고 남의 나라 사람이라고
어찌 괄시할 수 있겠는가? 또한, 한번 실수하였다고
버림 받을 수는 더더욱 없는 것이다.

… 귀한 행동을 하면 부귀의 복덕을 받고 천한 행동을 하면
부귀의 복덕은 달아나는 것이 이치다.
또한, 부귀는 갖고 있는 사람이 잘 사용하면
만인을 살리는 보배가 되지만,
제 욕심을 차리는 데 쓰면 만인을 죽이는 흉기가 된다.

… 단전호흡으로 마음을 안정시키는 마음 수련을 하면
오장육부가 편안한 가운데 저절로 운동이 되고,
기가 등줄기를 타고 위로 올라가서 뇌를 맑게 하고,
가슴에서 아래로 기운이 내려와서 단전에 쌓이게 되며,
단전에 쌓인 기운은 온몸을 다니면서 작은 기맥까지
모두 꿰뚫어 소통시키기 때문에 신선의 경지에 이른다.

… 사냥꾼은 사냥개로 토끼를 사냥하지만 아첨하는 사람은
아첨의 칭찬으로 우둔한 자를 사냥한다. 진실성이 결여된
칭찬은 칭찬이 아닌 아첨임을 인식하여야 하며, 칭찬과
아첨을 구별하려면 마음을 닦아 지혜를 증득하여야 한다.

… 연꽃은 처염상정이라더니 더러운 진흙뻘에 처하면서도
더러움에 조금도 물들지 않아 진정한 아름다움 드러내 보이니
우리도 연꽃같이 세파에 살지라도 몸과 마음이 물들지
않는다면 진정한 아름다움 그대로 나와 세상에서
밝은 등불이 될 것이다.

… 소금이 서 말이라도 넣어야 짜듯이 아무리 좋은 아이디어로
기획하고 아무리 많은 돈을 들여 제작하더라도 실천력이
없으면 이루기 어려울 것이다. 마치 파도에 휩쓸려 내려가는
모래 위에 새긴 글씨와 무엇이 다르겠는가?

… 사람들은 어머니에게서 깊은 산 속의 고요한 산사처럼 여유를 갖게 된다. 항상 자신을 돌아보게 하고 힘이 되어 주시는 분, 세상살이 힘들고 버거울 때 어머니의 눈으로 세상을 바라본다면, 가장 현명한 해답을 찾을 수 있을 것이다.

… 내가 한평생을 살아왔어도 빈손으로 왔듯이
빈손으로 가는 수밖에 없구나.
너희들은 희망의 씨를 뿌리고 튼튼한 뿌리 내려 많은
보물들 얻어서 행복하게 살아가거라.
사람의 한평생 호흡지간이니 이웃에 인심이나 잃지 말고
선심으로 살거라.
젊음도 한때뿐임을 알아서 늙기 전에 후회 없도록 좋은 일
많이 해라. 내 것인 줄 알았던 모든 것들이 이제사 잠시
빌려 쓴 차용물임을 알았음이 안타깝구나. 젊을 때 알았으면
베풀며 살 것을 지금에사 후회한들 소용없구나, 즐겁게
살아라 시간이 기다리지 않는다.(이영자 님이 남긴 말)

… 현자는 그저 마음이 시키는 대로 바라는 대로 지금 자신이 할 수 있는 일을 조금씩 준비해 나간다. 하루는 미약하지만 그 힘들이 모이면 나를 바꾸고 가정을 바꾸고 나아가 세상 사람을 바꾸게 될 것을 믿기 때문이다.

… 이 세상을 살아가면서 계산적으로 손해 보지 않는 삶을
살겠다면 그 사람은 힘든 삶을 살아갈 것이며,
봉사하는 삶을 살겠다는 자세로 살아간다면
그 사람은 행복한 삶을 살아갈 것이다.

… 진짜 종교인은 무척 겸손하다.
자기 자신이 죄인인 줄 알기 때문에 머리 숙여 하느님이
원하는 대로 사랑으로 실천하여 살기 원한다.
자신을 떠나 희생할 수 있는 사람이라면
하느님을 닮은 하느님의 자녀가 된 사람이다.

… 사람에게는 누구나 정해진 삶의 무게가 있다.
자신의 삶에 대한 무게에 순응하면
행복한 사람이 될 수 있지만
자신의 삶에 무게에 대하여 수용하지 못하는 사람은
불행한 삶을 살아갈 수밖에 없다.

… 내성적인 사람들은 자신에게만 열중하기 때문에 불행하다.
정신요양소는 내성적인 사람들로 가득 차 있다. 반면에,
외향적인 사람은 자기 자신을 잊고 있기에 행복하다.

… 나무는 씨앗이 자리 잡은 곳에서 싹을 틔운다.
바위가 있으면 옆으로 굽어 자라고,
큰 나무와 작은 나무는 서로를 시기하지 않고
처한 곳에 만족하며 살아간다.
그래서 현자에 비교된다. 우리도 나무를 보며 비교하지
않는 마음을 갖는다면 누구나 행복하다.

… 나무는 자기가 이루고 움켜쥐려 하지 않는다.
새로운 생명을 더 크게 자라기 위해서는
그래야 한다는 것을 알기 때문이다.
현실과 미래에 저당잡힌 채 힘들게
살아가는 사람은 나무에 게서 버림을 배워야 한다.
버림은 더 큰 성장을 얻기 위한 지혜임을 나무는 자신의
삶으로 보여준다.

… 부부의 진정한 사랑이란 상대에게서 기대하는 마음을
없애는 것이 부부 행복의 근원이다.
'내가 있어 당신이 행복한 것이 아니라 당신이 있어
내가 행복합니다.' 라고 생각하고,
내가 바랄 것이 아니라 배우자가 원하는 것을
맞추어 준다면, 그 가정은 행복한 가정이다.

… 한 설문조사에서 부인이 남편에게 듣고 싶은 말은 '난 당신을 믿어요(56%), 난 당신밖에 없어요(20%), 사랑해(19%)' 등이었고, 남편이 부인으로부터 듣고 싶은 말은 '많이 힘들지(42%), 사랑해(27%), 다시 태어나도 당신과 결혼할 거야(21%)' 등으로 나타났다.
그래서 칭찬과 믿음은 상대에게 무한한 자긍심을 심어준다 한다.

… 상대의 입장에서 바라보면 이해되지 않는 것은 아무것도 없다. 감사하다고 말할 땐 진정성을 담아 감사함을 말하며, 미안하다고 말할 땐 진정성을 담아 정말 잘못을 인정하여 고개 숙여야 한다.
진짜로 자존심을 세우고 싶으면 가짜 자존심은 스스로 물러가고 그 자리에 이해의 마음이 가득 담아진다.

… 결혼이란 서로의 마음의 세계가 다른 사람이 만나는 것이다.
자란 환경이 다르기 때문에 내 마음 같지 않은 게 당연한데도 내 마음에 들기를 원하기 때문에 갈등이 생긴다.
하지만 집착의 마음을 버리면 상대의 입장이 되어 바로 바라볼 수 있다.
결혼을 하는 순간부터 남을 위한 삶의 시작이다.

상대를 위하여 내가 해줄 수 있다는 것은
결코 손해가 아니라 훨씬 큰 기쁨이 된다.
성인이 말씀하시길 남을 이롭게 해주는 것이
나를 이롭게 하는 것이다 하였다.

… 삶을 살아가면서 상대방 탓을 하고 내가 옳다는 생각과
기준이 있는 한 늘 불행의 불씨를 안고 있는 것이다.
가장 중요한 것은 각자가 집착하는 마음을 버려 진정으로
마음이 하나 되어 일심동체를 이룰 수 있다.

… 장자는 '진정한 공감이란 혼신을 다해 상대의 말을 듣는 것'
이라고 했다. 이는 귀로 듣고 이해하거나, 마음으로만 듣는
것이 아니다. 마음을 비워내고 자신이 가지고 있는 선입견과
관념과 판단을 버리고 온 존재로서 듣는 것이다.

… 성공한 사람이란 직함이라는 겉치레 없이, 만나면 그저
반가운 사람이 아닐까 한다.
각자 자기의 자리에서 최선을 다하자는 뜻으로
물은 낮은 데로 흘러간다.
'저울이 없으면 경중도 없다' 고 한다. 있는 자리에서
행복하다면 그 사람은 행복한 사람이다.

… 이해한다는 영어 단어는 '아래에 선다'는 뜻이라 하며,
불교에서의 절하는 것은 '마음을 낮춘다'라는 뜻이라 한다.
내가 상대보다 아래에서는 낮은 마음이 되어야 진심으로
상대를 이해할 수 있다.
나를 버리고 낮은 마음이 되어야
감사와 행복의 참 의미를 깨달을 수 있다.

… 내가 먼저 비우면 집안이 화목하다.
자식은 부모의 거울이다.
엄마가 하는 것과 참는 것 모두
보면서 자신도 모르게 닮아 가게 된다.
자식이 편안하게
말할 수 있도록 내가 먼저 마음의 문을 열어,
마음 놓고 말할 수 있도록 한다면 그 가정은 행복할 것이다.

… 상대가 무엇을 말하려 하는지 관찰하고,
느끼고, 무엇을 필요로 하며,
부탁하는가에 귀를 기울이는 것,
이런 소통과정을 '공감하기'라 한다.
공감은 다른 사람의 경험을 존중하고
이해하는 것을 말한다.

… 진화는 환경의 변화에 따른 자연적인 선택일 뿐,
우열은 존재하지 않고
각각의 다양성만 존재하는 것이라 한다.
그래서 모든 생명체들은 자신이 처한 환경에
자기 나름대로 가장 충실하게 적응하는 쪽으로
진화하고 있다고 한다.
그것이 가장 성공한 과학 이론에 대한 이해라 한다.
나는 지금 처한 환경에 순응하며 살아가고 있는지
스스로 되돌아보자.

… 세상에서 두 부류의 어리석은 사람이 있고
세상에서 두 부류의 지혜로운 사람이 있다.
내가 남에게 잘못하고도 잘못을 범한 줄 알지 못하는
자와 잘못을 인정하면서 용서를
구하는 자를 받아들이지 않는 자는 어리석은 사람이다.

… 낙담을 물리치는 가장 효과적인 보호 수단 중의 하나는
우리가 혼자서 일하는 것이 아니라는 확신을 갖는 것이다.
하느님은 늘 우리와 함께하신다.
비관론은 가장 사악한 배은망덕한 죄이다.

… 진정한 의미에서 신앙을 간직하는
최선의 방법은 그것을 남에게 주는 것이다.
그리고 신앙을 잃는 가장 손쉬운 방법은
그것을 혼자서만 고이 간직하는 것이다.

… 당신의 사유는 당신의 삶을 지배한다. 더 멋진 삶을 누리기
위해서는 더 아름답고 밝은 생각을 선택해야 한다.

… 달라이 라마의 행복론은 탐욕의 반대는 무욕이 아니라
만족이며 자기가 가진 것에 만족하고 감사하는 것이
행복의 비결이라고 말한다.

… 공경하고 존중하는 사람이 있는 사람은 행복한 사람이다.

… 사실을 말하며 진실을 말하며 이익될 때 말하며
적당한 때에 말하며 적절한 표현을 해야 한다.

… 어디에 있건, 무슨 일을 하건 그대는 최대의 친절을 베풀어라.
그대는 분노가 있는 곳에 평화를 심을 수 있고,
실망이 있는 곳에 희망을 뿌릴 수 있다.
다만, 따뜻한 미소 그것 하나만으로도

… 밉게 보면 잡초 아닌 풀이 없고 곱게 보면
꽃 아닌 풀이 없으니 사람도 이와 같으니
내가 잡초가 되기 싫다면 상대를 꽃으로 보라.

… 내가 지금 쓰는 마음이 나는 물론, 내 가정, 내 이웃에
영향을 미치게 된다.
좋은 마음을 쓰면 좋은 기운을 만들어 내고,
좋은 기운은 나와 주위에 두루 미쳐,
좋은 영향을 주므로 행복을 만들어 낸다.

… 세상 사람들이 권력이나 재물의 속박에서 벗어나지 못하고
싸우는 이유는 이해의 갈등 때문이며
출세간의 종교인이 싸우는 이유는
서로의 주장이 옳다는 이념의 갈등이다.
세상이란 예나 지금이나
이해갈등과 이념갈등이 끊임없이 반복되고 있다.
이러한 갈등은 탐욕과 견욕 때문이다.
탐욕의 원인은 나의 것이라는 아집我執에 있고
견욕의 원인은 삿된 진리의 소견에 얽매인 법집法執
때문이다.

··· 우리는 남에게 우울하고 침체된 분위기를 전해주는 사람과 신뢰와 용기를 전해주는 사람으로 나뉜다.
행복한 인생관을 유지하는 최선의 방법은
고통이나 실의에 빠져있는 사람들을 돕는 것이다.

··· 위를 채운다고 식탐이 사라지는 것은 아니며,
적을 없앤다고 평화가 오는 것은 아니다.
만족한 조건들이 채워져야 행복해지는 것이 아니라
지금 이 자리에서 행복해야 한다.

··· 행복한 삶을 살고 싶다면 우선 무엇보다 건강해야 한다.
정신적, 신체적 건강까지 관리한다면 행복도가 높아질 것이다. 그리고 타인과의 관계를 회복해야 한다.
대화의 시간을 늘리고, 미소로써 상대를 대하고,
전화로써 소통하고, 만나는 사람에게 친절을 베푼다면 행복도가 높아질 것이다.
마지막으로는 하고 싶은 일을 해야 한다.
토머스칼라일은 자신의 천직을 찾은 사람은 축복 받은 사람이며, 그런 사람은 또 다른 행복을 찾을 필요가 없다고 하였다.

… 능력 있는 사람은 좋다 하지만 더욱 좋은 사람은 날마다 성장하고 성숙하는 사람이다.
날마다 성장하여 스스로에게 행복과 직업적 성공을 선물하라.

… 만약 이웃에게 관대했으면 그만큼 내 마음이 너그러워지지만, 만약 남에게 야속하게 굴었다면 내 마음이 좁아진 것을 느끼게 된다. 인간은 서로 협력하면서 살아가는 존재이기 때문에 남에게 친절하고 관대하게 대하고 남을 위해 봉사하는 것이, 내 마음의 평화를 유지하는 길이다.

… 바가지를 자주 긁는 사람은 그 불만의 이유를 절대로 잊지 않으며, 불만의 대상이 되는 사람을 완전히 용서하지 못할 뿐 아니라, 잔소리를 듣는 사람이 그 불만의 주제를 이끈 것도 결코 용납하지 않는다.

… 가능성이란 실행해 보지 않고는 알 수 없는 것이다.
따라서 일단 시작만 한다면 우리는 자신에게 가능성이 있음을 발견하게 될 것이다. 그리고 꾸준히 노력하다 보면 대개는 자신이 바라던 그런 능력을 갖추게 될 것이다.

… 세상 사람들은 '왜 사람들이 내 마음 같지 않을까?

왜 세상살이는 내 뜻처럼 돌아가지 않을까?' 하고 생각하며 살아간다. 내 마음의 번뇌의 집착을 떨쳐내 진여 본성으로 돌아가면, 마음과 마음이 하나 되어 이심전심의 이치는 자연히 드러나는 것이다.

… 사람들은 지금 이 순간에도 무한한 에너지 등을 공급받고 있음에도 불구하고 아무것도 받은 것이 없다고 불평하며 살아간다. 모두가 앞만 보면서 살아가는 결과인지도 모른다. 이제 앞을 향해가는 발걸음을 잠시 멈추어 자신의 내부를 돌아보라. 모두가 운명의 갈고리에 꿰어 끌려가는 모습을 보면서, 그것이 주인인지 당신이 주인인지 보라. 그러면 지혜는 밝아지고 당신의 어두운 눈은 밝아질 것이다.

… 겸손함은 사람을 머물게 하고 칭찬은 사람을 가깝게 하고 생각이 깊음은 사람을 감동케 한다.

… 자신에게 이득이 될 때는 거짓말이 정당화될 수 있다고 생각하는 사람들은 분명히 비겁하다. 세상 모든 사람들이 틀렸다고 말해도, 옳은 것은 옳은 것이고,
세상의 모든 사람들이 옳다고 해도 틀린 것은 틀린 것이다.
진실이란 자신을 알고 하느님을 아는 것이다.

··· 일이 척척 잘 풀린다고 해서 긴장을 늦추지 말고,
실패했다고 해서 낙담하지 말며,
신념을 지키면서 도리에 따르는 마음을 갖는 게 중요하다.

··· 걸음에는 첫걸음이 중요하고,
일을 성취하기는 첫 삽이 중요하듯이
첫 생각이 가장 중요하다.

··· 끝이 없는 우리들의 아픔. 채울 수 없는
우리들의 소원. 얼마나 애달프면
천의 손을 가졌을까. 얼마나 사랑했으면
천의 눈을 가졌을까. 나라도 긍정의 마음으로 희망을 노래하여
그 고통 덜어 드려야겠다.

··· 행복의 눈으로 바라다보니 하늘 끝 곳곳마다 내 집 아닌 곳이
없구나. 아지랑이 피어나는 들판엔 태평가 잔잔히 울려 퍼져
보는 것마다 천국 아닌 곳이 없음을 안다.

··· 성공할 때나 실패할 때와 상관없이
항상 큰 일과 작은 일에 대한 마음가짐을 바로하지 않으면,
느닷없이 찾아온 재앙에 빠지기 쉽다.

… 성공한 사람은 이익을 추구하는 마음이 없으면 결코 나아 갈 수가 없다. 그저 공리공론에만 빠져 허덕이는 사람은 결코 발전하지 못한다는 게 진리이다.

… 보운산 빛깔은 변함없는데 석왕사 문 앞의 인생은 고달프다. 모든 사람들 자신을 바로 보기만 한다면 천고에 변하지 않는 천진불을 보리라.(고산 스님 게송)

… 가난한 집안에서 태어나 성공한 사람이 말하였다.
부모님은 나에게 단 한 푼의 재산도 물려주지 못했지만 나는 돈보다 훨씬 값진 것을 유산으로 물려받았다.
가난 속에서도 남에게 베풀 줄 아는 배려심과 현실을 긍정적으로 바라볼 수 있는 마음가짐, 이 배려와 긍정의 힘이 오늘의 나를 만들었다.

… 불행한 일이 생기는 것은 잔잔한 바다에 파도가 일어남이니, 불행이라는 마음이 나에게서 떠나지 않는다면 오늘도 행복은 찾아오기 힘들 것이다. 행복하다는 생각도 불행하다는 생각도 다 내가 생각으로 짓는 것임을 알아서 바람이 일어 물결이 일어났음을 바로 알아차린다면, 마치 태양은 변함없으나 구름이 가려져 있음을 볼 것이다. 바람을 만드는

것도, 구름을 만드는 것도 다 내가 했으니 걷어 내는 것도 신이 해주는 것이 아니라 내가 해야 할 일임을 바로 알 수 있을 것이다.

… 만약 당신이 내면으로부터 두려움을
사랑으로 바꿀 수 있는 진리의 힘을 얻으면,
당신은 어떠한 두려움과도 대면할 수 있게 된다.
왜냐하면 내면의 힘은 한낱 과거의 소산인 두려움에
조금도 해를 입지 않기 때문이다.

… 다른 사람으로부터 존경받기는 쉬우나 가족으로부터
존경받기는 참으로 어려운 법이다.
왜냐하면 다른 사람은 돈과 명예 등
외부적인 요건으로 나를 판단하지만, 가족은 내면에 있는
마음의 상태를 보고 나를 판단하기 때문이다.

… 가난과 싸워 이겨본 사람은 그 과정에서 강한 정신력을
몸에 익히게 된다. 그런 헝그리 정신이 있다면 공부를 하든
일을 하든 반드시 성공할 수 있다.
어려운 환경을 타고 나는 건 자신의 선택이 아니다.
그렇지만 그 환경을 이겨내고 극복할 것인가는 전적으로
자신의 의지와 선택에 달려 있다.

… 훌륭한 인격을 잘 갖춘다는 것은 몸으로 행하는 바가 절제가 있고 입으로 말하는 바가 진실되며,
뜻으로 행하는 바가 대단히 지혜로운 것을 말한다.

… 어려운 상황과 조건에서도 이를 뛰어 넘을 수 있는 힘은 성실과 노력뿐이다.
이 세상에서 노력 없이 공짜로 얻어지는 일이란 없다.

… 성공의 문에는 비밀번호가 각기 다르다.
성공한 사람이 가지고 있는 비밀번호를 가지고는
내가 성공의 문을 열 수 있는 것이 아니다.
성공의 문은 오직 자신만의 비밀번호로만 열린다.
성공은 자신의 장 · 단점을 파악하며 장점을
키워 나가고 단점은 줄여 나가야 이룰 수 있다.

… 가난하여 과외 한번 받아보지 못한 아이가
서울대에 합격하고 다음과 같이 말했다.
"나는 한 번도 부모님을 원망한 적이 없다.
왜냐하면 여러가지로 노력했지만 여의치 않은 상황
때문에 뒷바라지를 제대로 해주지 못하는 아버지의 아픈
마음을 알고 있었기 때문이다."

··· 뜻을 세울 때는 냉정하게 생각하여
장점과 단점을 세밀하게 관찰하여 신중하게 세워야 한다.
또한 자신의 상황이 그 뜻을 펼칠만한
여건이 되는지를 고려할 필요가 있다.
그리고 큰 입지와 작은 입지가 모순관계에 있지 않고
항상 조화를 이루도록 일치시키는 것이 중요하다.

··· 말 잘하는 달변가보다 어눌하더라도 진실한 말을 하는
사람을 우리 사회는 원한다.
말은 진실해야 하고, 부드러워야 하며,
사랑이 깃들어 있어야 다른 사람을 감동시킬 수 있다.

··· 꽃 피는 계절이 지나도 나비는 슬퍼하지 않는다.
우리도 사랑의 시간이 흘러도 괴로워할 이유가 없다.

··· 정신은 진리의 선禪이요 생각은 본능의 철학이고
이 몸은 물질의 과학이다
그러므로 몸뚱이만 미도 사는 것은 바보다.
자기 안에 있는 정신 저 자신부터 만나
춤을 한번 춰 봐야 해(성수 스님)

… 사람들은 성공의 조건을 머리가 좋거나 물려받은 재산이
많거나 막강한 배경을 가지고 있다는 생각을 한다.
완전히 틀렸다고 할 수는 없으나 80%는 틀렸다.
왜냐하면 일반적으로 성공한 사람은 일반 사람들에 비하여
선택과 집중 즉 가치 부여에 현명하다고 할 수 있다.

… 남을 다스리는 재주보다 자신을 다스리는 지혜가 있어야
지도자로서 성공할 수 있다.
조직의 지도자라면
반드시 남보다 다른 특별함이 있어야 한다.
조직의 지도자라면
반드시 남보다 다른 특별함이 있어야 한다.
내가 남과 다른 특별함은 무엇인가? 자문해보자.

… 성공한 지도자는 사람들을 감동시킬 줄 안다.
그는 직원들이 자신감을 갖게 하고,
모두가 특별하게 선택되었으며,
신의 축복을 받은 사람이라고 느끼게 해준다.
그러므로 부하직원들이 최고의 기분으로 일할 수 있는
분위기를 만드는 사람이다.

… 완전한 행복이란 알음알이로써 아는 바가 아니며,
그렇다고 행복한 마음을 느낀다고
행복이 지속되는 것도 아니다.
모든 사물은 그 근본 자리에는
완전한 행복이 갖추어져 있는 것인데,
사람들은 그것을 알지 못하는 것은,
마치 구름이 태양을 가리고 있어 태양이 보이지 않는 것과 같다.

… 불행하게 만드는 어떤 요소가 있는 것이 아니라
어떤 것을 가지거나, 바라보건,
마음에 담거나 할 때에 얻거나 버려지는
마음으로 애착을 가질 적에 곧 불행이 따라오는 것이다.
그래서 산은 산이요, 물은 물이라 하였다.

… 행복이 무엇인가를 알았을 적에는
어느 곳 어느 물건에도 행복이다 있음을 알 수 있다.
이는 마치 모든 길이 서울로
다 통하여 있다는 것을 아는 것과 같다.
이것은 산 너머 연기를 보면 불이 난 줄 알고 담장 너머 뿔을
보면 소가 있는 줄 아는 것과 같다. 알고 보면
지금 이 순간이 바로 행복의 순간임을 안다.

… 크게 성공한 사람은 자주 감사하고 겸손하며 행운을 믿는다. 그러한 매력적인 성품이 다른 훌륭한 사람들을 끌어 모으며, 그래서 그의 행운은 한 푼의 비용도 들지 않고 계속하여 지속되는 것이다.

… 성공하는 데 필요한 것은 남을 다스리는 재주가 아니라 '나를 다스리는 지혜' 다. 말하기는 쉬워도 듣기는 어렵고, 따라 하기는 쉬워도 결정하가는 고통스럽다.
훌륭한 리더는 편한 방식에 그냥 앉게 되는 것이 아니라,
딱딱한 나무 의자에 앉아
언제나 주위의 편안함을 살피는 것이다.
정상에 오르는 바른 길이 여기에 있다.(윤병철)

… 조금 일찍 일어나는 사람이 늦게 일어나는 사람보다 특별하다. 자신을 절제할 줄 아는 사람은 절제할 줄 모르는 사람보다 특별하다.

… 만일 자신의 마음 밖에 행복이 있고, 자신의 마음을 떠나서 행복의 길이 있다고 생각한다면 몸과 팔을 태우는 고행을 하고 팔만대장경을 모두 독송하더라도 이는 모래를 쪄서 밥을 지으려는 일과 같아 오히려 수고로움만 더할 뿐이다.

··· 사람이 물질적인 것을 가진다는 것은 모두 허망한 것인데, 만약 물질적인 것이 모두 허망하다는 사실을 바로 안다면 곧 바로 행복의 실체를 알 수 있다.

··· 사람이 살면서 알고 지내는 사람은 천하에 가득 차 있지만 진실로 내 마음 알고 있는 사람은 과연 몇 명이나 되겠는가. 큰사람은 큰나무를 알아보는 법이다.

··· 앞생각이 아직 마음을 닦지 않은 상태라면 범부요 뒷생각이 마음을 닦아 집착하는 바가 없으면 깨달은 사람이요, 앞생각이 어디에 집착하는 바가 있으면 범부요 뒷생각이 집착을 떠나 어디에도 매이지 않는다면 자유로운 사람이 될 것이다.

··· 스스로 돌아보고 반성하는 것이야 말로 진정으로 자신감을 얻고, 마음의 평화를 찾는 길이다.

··· 맹자는 사람을 살피는 데 있어서 눈동자보다 더 좋은 것은 없다. 눈동자는 능히 잘못을 감추지 못한다. 마음이 바르면 눈동자가 맑고 마음이 바르지 않으면 눈동자가 흐리다.

… 정신이 바른 사람이라도 만일 풍족한 생활에 취해 있다면,
때로는 유혹에 빠져서 생각지도 못하는 악에 봉착할 수 있다.
따라서 행위와 동기가 순수하고 결과에 만족하지 못하면,
그 사람은 올바른 사람이라고 할 수 없다.

… 지혜를 열심히 닦는데
가난하고 천하게 산다면 부끄러운 일이며,
지혜를 열심히 닦아 가지 않는데
부귀와 영화를 누린다면 이 또한 부끄러운 일이다.

… 사람들은 흔히 스스로 운명을 개척하여
행복해지려 하지 않고,
오히려 남의 탓만 하거나
다른 사람을 이용해 역경을 극복하려고 한다.
스스로 이런 노력이 없다면 순조로운
생활도 기대할 수 없고 행복한 생애도 기대할 수 없다.

… 불편했을 때를 생각하면
현재 가진 것이 적더라도 부족함은 없으며,
마음에 욕심이 생길 때는 궁핍할 때를 생각하라.

… 공자는 하늘에 죄 지으면 빌 곳이 없다 하였다.
인간이 세상에 나와 살고 있는 것은 천명이다.
초목에는 초목의 천명이 있고,
짐승에는 짐승의 천명이 있다.
천명은 오묘하게 배합되어,
어떤 사람은 술을 팔기도 하고,
어떤 사람은 떡을 팔기도 한다.
어떠한 성인과 현자라도 반드시 천명을 따를 수밖에 없다.

… 순리를 거슬리거나 무리한 행동을 하면
반드시 나쁜 결과를 초래한다.
일이 벌어진 뒤에 수습하려 해도,
애초부터 부자연스럽고
무리한 행동으로 스스로 자초한 응보는
돌파구를 찾기 어렵다.

… 인간이 자연을 거스르고 무리한 행동으로 죄를 지었다고,
하늘이 직접적으로 벌을 내리지 않으며,
인간 세상의 만사를 통하여
그 사람이 스스로 고통을 느끼도록 할 뿐이다.

… 행복은 마음먹기에 달려 있고 마음 밖에서 구하여 얻어지는 것이 아니다. 행복한 마음은 내 마음을 잘 다스려야 얻어짐이며 어떠한 외부적 물질을 구함에 있지 아니하다. 그래서 성인이 말씀하시되 "고기가 뼈를 바꾸어 용이 됨에 그 비늘을 바꾸지 않고 범부가 마음을 돌이켜 부처가 되어도 그 얼굴을 고치지 않는다."고 하였다.

… 마음의 평정을 얻으면 세상살이의 모든 것이 모두 다 행복의 길이 일러 주는 것이 되지만, 마음의 평정을 잃으면 세상 천지를 다 얻고, 다 안다고 하여도 행복과는 거리가 멀 것이다.

… 마음이 행복하지 아니한 상태에서 좋은 것을 구하려 하는 것은, 결국 나를 해치는 것이 될지언정 행복을 얻는 것과는 거리가 먼 것이 될 것이니, 행복은 얻는 데 있지 않으며 오직 자신이 지금의 상태를 만족하는가의 여부에 달려있다.

… 계획하는 일을 성공적으로 성취시키려면 뚜렷한 목표를 세워 실천하되, 하다 말다, 그럭저럭, 흐지부지 하지 말고, 지속적으로 돋보기로 불을 피우듯이, 고양이가 쥐를 잡듯이 집중하여야 한다.

… 건강한 몸으로 하고 싶은 일을 하면서 현실에 만족할 줄 아는 사람이라면 행복과 함께하는 사람이다.

… 좋은 일이 있을 때만 행복할 수 있는 사람이라면,
아무리 좋은 일이 넘쳐도 행복을 모르는 사람이다.
좋은 일이 넘쳐도 행복을 모르는 사람이다.
좋은 일이 오지 않는다 하더라도
하느님이 우리에게 준 자연만 보더라도 충분히 행복감을 느끼는 사람이라면 진정 행복한 사람일 것이다.
왜냐하면 행복은 구해서 얻어지는 것이 아니라
이미 우리와 함께하기 때문이다.

… 산에서 길을 잃었을 때 물길을 따라 가듯이 삶에서 길을 잃었을 때 거스르지 말고 흐름을 타야 하며, 잘 나간다고 오만하지 말고 잘못 나가더라도 위축되지 않는다면
그는 순리를 따르는 행복한 사람이라 하겠다.

… 개가 바라보는 대상과 사람이 바라보는 대상이 같은 것이라도 느끼는 마음은 서로 다르다. 왜냐하면 바라보는 마음이 다르기 때문이다. 그래서 성인이 말씀하시되 보는 세계는 마음의 그림자다 하였다.

… 삼라만상은 마음과 마음으로 연결되어 있다.
이는 인연이라고도 하며 연기라고도 한다.
또한 마음이라 표현한다.
그렇기 때문에 내가 아는 만큼 마음도 아는 것이다.
그래서 내가 모르는 세계는 없는
세계라고 말하는 것이다.

… 소리를 듣고 아는 것을 성문이라고 하고
인연의 법칙을 이해하여 아는 것을 연각이라고 하며
나와 남이 둘이 아님을 아는 것이 보살이라 한다.
그래서 보살은 시키지 않아도 남이
곧 나임을 알기 때문에 남을 위해 끝없이 베풀려고
노력하는 것이다.

… 사람들에게 이 세상에 온 목적을 물어보면
사업하는 사람의 목적은 사업에 성공하는 것이고,
고등학생의 목적은 대학에 가는 것이며,
군인의 목적은 별을 다는 것이라 생각하지만
사람이 사는 목적은 상대 차안의 세계에서 절대 피안의
세계로 향하여 나아가는 데 있는 것이다.

… 아무리 옳은 일이라 하더라도 자신의 생각이나 의견만을 내세워 굽히지 아니하는 고집이 붙으면 곧 바로 자기중심의 좁은 생각이나 소견 또는 그것에 사로잡힌 아집이 된다. 고집은 아집을 낳고 아집은 애착을 낳고 애착은 집착을 낳고 집착은 번뇌를 낳기 때문에 지혜와는 거리가 멀어지게 된다.

… 사람들은 행복을 생활 속에서 물질적으로 충분한 만족과 기쁨을 느끼는 흐뭇한 감정이라고 생각하지만, 지혜 있는 사람은 위로는 깨달음을 구하고 아래로는 다른 사람을 이롭게 하는 깨달음의 마음을 일으켜 원인에 의한 결과라는 것을 믿으며, 성인의 말씀을 읽고 이해하고, 내가 얻은 것을 남에게도 권함으로써 얻는 복을 말한다.

… 우둔한 사람은 나와 너, 좋다와 싫다, 이익과 손해 등 선입견을 가지고 생각하며, 성자는 있는 그대로 생각없이 생각하는 것으로 이를 사유수思惟修라 하였다.

… 지혜를 닦아 현명하다는 것이 선견지명을 갖추는 이유는 장래의 어두움을 사전에 생각하고 거기에 맞게 행동하기 때문이다.

… 믿음과 이해 어느 것이 견고한가?
믿지 못하면 이해하기 어렵고 이해되지 않으면
믿기 어렵기 때문에 마치 수레의 두 바퀴와 같다.
어느 하나가 부족하여도 수레는 굴러가지 못한다.

… 현명한 사람은 할 수 있는 일을 열심히 하는 사람이고,
우둔한 사람은 할 수 없는 일을 이루어지지 않는다고
불평하는 사람이며, 성인은 할 수 있는 일과 할 수 없는 일을
분명히 알 수 있는 사람이다.

… 사람들은 행복과 불행이 별도로 갖추어져 있는 것으로
알고 있으나, 행복과 지옥은 어리석은 생각으로 일어나는
환상이니, 마음의 눈을 떠서 바른 지혜를 가지면 이 환상은
저절로 없어진다. 마치 깜깜한 밤에 전기가 들어오면
어둠은 물러가듯 한다.

… 살아서 오직 내 새끼, 내 재산 하고 한시도 집착에서
떠나지 못하고 생각 생각이 걱정하고 마음 아파하고 지내지만
범부들은 죽음 앞에서는 누구나 오직 자기 자신이 두려운
마음만 있지, 자식과 재물 생각은 털끝만큼도 없다는
것이다.

… 가르쳐 주고 싶어도 들을 수 있는
눈높이가 안 되면 가르쳐 줄 수 없는 것이다.
이는 어린아이에게 고등수학을 설명하는 것과 같은 것이다.
지혜 있는 사람이 어리석은 사람을 볼 때
안타까움이 여기에 있다.

… 중국에서는 깨달음으로 가는 길이
교종은 배제되고 선정이 선양되었다.
불립문자, 교외별전, 견성성불을 중시하는
그래서 아난 존자는 비하되고,
가섭존자를 따르는 종풍이 형성되게 되었다.
아마도 이는 중국의 문자인 한자가 선비를 제외하면
일반국민들이 읽고 이해하기 힘들어서일 것이다.

… 불교에서 교는 부처님 말씀이며
선은 부처님 가르침으로 보면 된다.

… 마음을 고요히 하여 지혜를 증득한 사람은 일상적인
마음가짐이나 행동거지에 나쁜 짓을 하지 않는다.
지혜를 얻은 사람은 세상이치에 밝아서 세간의 일이 다
허무한 것인 줄 알았기 때문이다.

… 지혜가 깊은 사람도 세상 사람들로부터 비난을 받는 경우가 있는 것은, 마치 흰 비단은 파리 다리로도 더렵혀지기 쉬우니 이는 먹으로 흰 구슬에 점을 찍는 것과 같다.
청정함을 구하는 때 묻지 않는 사람에게는 머리털만큼의 죄악도 크게 보인다.

… 자기 자신이 자기를 사랑하고 존경할 줄 모르면서 남 보고 자기를 존경하여 달라고 하는 것은 성인의 뜻과는 완전히 어긋나 있는 것이다.
제 자신을 학대하고 원망하고 없이 여기는 것만큼 어리석은 마음은 없는 것이다.

… 이 세상 사람들이 태어나면서 가지는 무서운 적이 외로움, 권태, 죽음에 대한 공포심이란 세 가지이다.
인간은 외로움과 권태와 죽음을 피하려고 발버둥치며 살아가는 것이다. 기도는 이것을 뛰어넘는 도구이며 뛰어 넘었을 때 한없는 즐거움이 따르는 것이다.

… 이 세상을 살아가는 것은 의무인가? 권리인가? 의무라고 생각하는 사람은 내 탓이요 할 수 있지만 권리라고 생각하는 사람은 네 탓이요 하는 것이다.

희망 메시지 5

밉게 보면 잡초 아닌 풀이 없고
곱게 보면 꽃 아닌 풀이 없으니
사람도 이와 같으니 내가 잡초가 되기 싫다면 상대를 꽃으로 보라.

… 지혜는 몸과 마음은 같다는 입장에서 일상 생활 속에 속박의 틀에서 벗어나 자유로운 삶을 살 수 있을 때 완성되어 가는 것이다.

… 믿음이란 확신이 아니다. 믿음은 확신이 확신으로 간다고 믿으면 정신병 환자이다. 믿음은 확신이 확인으로 가야 되는 것이다. 그렇기 때문에 자기 체험으로 체득할 일이지 듣고 보고 한다고 되는 것은 아니다.

… 의심하면서 기도하는 것은 밑빠진 진독에 물을 붓는 것과 같다. 그래서 믿음이 없는 기도는 이루어질 수 없는 것이다.

… 믿음을 바탕으로 기도하였는데 이루어지지 않는다는 것은 이루어질 때까지 기도하지 않았다는 말이다.
확실한 믿음으로 쉼 없이 기도하면 이루어지지 않는 기도는 있을 수 없다.

… 신에게 절하는 것은 무엇이냐?
참된 성품을 우러러 받들어 보는 것이고,
삿된 마음은 적고 굴복시키는 것이다.
그러므로 내가 나에게 사랑하고 아끼고

존경하는 마음이 절하는 것이다.
그러므로 자신을 사랑하고 아끼고 존경할 줄 모르면
사람이 행복과 함께하기는 힘든 일이다.

… 세상 사람들은 내가 죽어도 세상을 있고 내가 죽어도 자식은 살아 남는다고 생각하고 지혜로운 사람은 내가 태어났을 때 이 세상은 태어났고 내가 사라지면 이 세상도 사라진다는 것을 알기 때문에 살아있는 현재의 순간순간 치열하게 사는 것이다.

… 사람들은 알면서도 못하는 일이 있고,
알면서도 안 하는 일이 있다.
알면서도 못하는 일을 절대자에게 기도로써
얻는 것이지, 알면서도 안 하는 일은 기도로써 얻을 수 있는 것이 아니다.

… 믿을 수 없는 것을 믿는 것은 미신이며, 믿을 수 있는 것을 믿는 것이 신앙이다. 믿음이 가지 않는데 믿는다는 것은 아무리 열심히 기도하더라도 성취하기 어렵다.
확실한 믿음을 가지고 기도한다면 이루어지지 않을 것은 아무것도 없다.

… 사람들은 세상이 나를 괴롭힌다고 생각하지만
세상이 나를 괴롭히는 것이 아니라
스스로의 지혜가 밝지 않아서 괴로움을
자초한 것임을 모르기 때문에 일어나는 일임을 모른다.

… 세상 사람들은 내 삶이 옳고 그런 줄은 모르면서
남의 삶의 옳고 그름을 지적하려 하기 때문에
시시비비가 되는 것이다.
남이 하는 행위를 바라볼 때
자비한 마음의 바탕이 아니라면
진정으로 올바른 행위가 되기는 어려울 것이다.

… 번민과 갈등 없이 얻어진 지혜는 견고하기가 어렵다.
비 온 뒤에 태양은 더 찬란하듯이 배고픔 뒤에 먹는
밥이 더 귀할 것이다.

… 사람들은 삶의 입장에서 죽음을 생각하지만 지혜 있는
사람은 죽음의 입장에서 삶을 바라보는 것이다.
사람이 신과 소통하기 어려운 것은 바라보는 지향점이
다르기 때문이다.

… 새우는 껍질을 벗어야 왕새우로 거듭나듯이
사람도 고통의 삶을 맛 보아야 진정으로 큰사람이 될 수 있다.
고통이 두려워 변화하지 않는 사람에게서
성공이란 열매는 기대하기 어렵다.

… 명상을 통하여 마음을 수련하면
쇠약한 몸은 건강한 몸으로,
부정적인 성격은 긍정적인 성격으로,
소극적인 성격은
적극적인 성격으로 변화하므로
잘못된 습관은 건전한 습관으로 변화되어
매사에 임하므로 지혜로운 삶을 살아가게 된다.

… 아무리 합리적인 계획을 세웠더라도 성취한다는 자기 확신이
확고하게 서지 않는다면 성공하기는 쉽지 않을 것이다.
또한 아무리 성취에 대한 자기 확신이 서 있다 하더라도
합리적인 계획이 아니면 성공하기는 쉽지 않을 것이다.

… 행복한 삶이란 수신제가를 근본으로 하며, 자신에 대한
마음 닦음뿐 아니라 이를 바탕으로 다른 사람 또한 잘
다스려야 한다.

… 칼날의 예리함을 보면 어떤 칼이 좋은 칼인지 알 수 있듯이
사람이 하는 행동이 정의로운가를 보면
좋은 사람인지 여부를 알 수 있다.
정의로운 사람은 자신이 힘든 줄 알면서도
불의를 보면 방관자가 되지 않기 때문에
우리는 그를 현명한 사람이라 한다.

… 두렵다고 하는 것은 마음 상태에 따라 일어나는 것이기 때문에
마음속에서 두려움이 멸하면 두려움이란 것은
스스로 없어지는 것이다.

… 복덕은 선행을 많이 하면 이루어지지만
공덕은 선행함에 있어 내적 성찰이 포함되어 있는 것이다.
그래서 공덕은 자기가 수행한 결과를 공덕이라 하는 것이다.
깨달음의 다른 모습이 공덕인 것이다.

… 범부는 먹고 사는 일이 주업이 되고
마음 닦는 일이 부업이 되고 지혜의 문에 들어선
사람은 마음 닦는 것이 주업이 되고,
먹고 사는 일이 부업으로 완전히 바뀌어진다.

… 지혜 있는 사람이 말하기를 명상은 경제다 라고 하였다. 명상을 하면 번뇌가 줄어들어 마음이 가벼워지고 근심 걱정이 줄어들기 때문에 병원에 갈 일이 줄어들어 경제적으로 도움이 된다는 것이며, 비즈니스 과정에서 내 마음이 고요하면 상대의 마음에도 영향을 미쳐 나를 신뢰하는 마음이 커지므로 상담은 성공한다. 가족이 화목하므로 행복해진다. 명상을 하면 사치가 뜬 구름인 줄 알기 때문에 자연히 검소해진다.

… 웃음이라는 선물은 하늘이 준 행복의 보따리이다. 아인슈타인이나 프로이드는 어린애처럼 웃음을 즐겼다. 천재들은 웃음을 통해 어린애로 돌아가 새로운 눈으로 세상을 바라 보며 새로운 질서를 만들어 낸다. 웃음은 한 사람의 억압된 마음을 녹여 주기도 하지만 천재의 창조를 통해 세계 문화 발전에도 기여하며, 웃으면 반드시 복이 온다.

… 사람은 자신이 다른 사람보다 위험한 사건에 처할 가능성이 적다고 믿는다. 무서운 질병, 교통사고 등은 남의 일이라고 생각한다. 이런 현상을 '낙관적 편견' 이라 한다. 그러나 설마가 사람 잡는다. 불행은 언제 어디서 자신에게 올 지 아무도 예측할 수 없다.

… 피해의식에, 세상의 풍파에, 삐걱거리는 가족관계에,
물고 물리는 인간관계에, 저녁 뉴스 때문에 아니면
나는 운이 나쁘지는 않더라도 복이라고는 지지리도 없는
사람이라는 생각에 지치는가?
성공하려면 단지 긍정적인 생각만 하면 된다.
매화는 추운 겨울을 지내야 짙은 향기를 품는다.

… 세뇌洗腦를 공산주의자들은 나쁜 곳에다 사용하였지만,
좋은 방향으로 건전하게 사용하면 정신을 고쳐주어
인생의 삶을 바꾸어 주는 방법으로도 쓰일 수 있다.
뇌에다 계속 건전한 사고방식을 불어 넣어주게 되면
결국은 사고과정에도 긍정의 변화가 일어날 것이다.

… "나는 너무 늙었어" 한다면
당신의 인생은 희망과는 멀어지고 있는 것이다.
모든 것을 포기하지 않는 한 나이가
너무 많다는 이유를 붙이는 것은 타당하지 않다.
팔순이 넘도록 자기도 모른 채 그냥 깊이 묻혀 있던 재능을
갑자기 발견해 세상을 놀라게 하는 이유도 여기에 있다.
모세의 할머니가 그 좋은 예이다.

… 시험에 합격하려 한다면 공부 삼매에 들어가야 한다.
삼매에 들어 잡념이 들지 않으려면 공부 자체가
즐거워야 한다. 공부가 즐겁지 않으면 절대로 삼매에 들 수
없기 때문에 합격하기는 쉽지 않을 것이다.
고시에 합격하면 고급공무원이 되어 잘 살 수 있다고 생각하는
사람과 고급공무원이 되어 사회를 밝은 곳으로 이끌겠다고
생각한다면 전자는 합격하기 힘들 것이고,
후자는 합격할 확률이 훨씬 클 것이다.

… 자신의 장애를 극복한 헬렌켈러처럼 제임스로이스는
소아마비로 평생 침대에만 누웠어도
번창하는 사업을 하였다. 이처럼 장애가 있으면서도
훌륭한 사람은 얼마든지 있다.
그러나 어느 누구도 희망을 노래하지 않고
성공한 사람은 아무도 없다.

… 상구보리는 즉 하화중생이다.
위도 깨달음을 얻으면 일체의 삶이 나와 너가 둘이 아니라
동체同體인 것을 알기 때문에,
자연히 아래로 중생을 제도하기 마련인 것이다.

… 채근담에 '스스로 깨달아

얻음과 자신의 성품을 깨달음과 정신을 차려 그릇된

행동을 하지 않도록 타일러 깨우치는 방법' 등이 있다.

무슨 일이나 시초에는 어려운 고비가 있다.

그러나 그 고비를 두려워하지 말라.

그 고비를 넘기면

생각보다 일은 수월하게 되어 가기 마련이다.

사람은 그 첫 고비를 두려워하기 때문에 능히 할 수 있는

일도 못하는 것이다 라고 요약할 수 있다.

… 성공하려면 삶의 목표를 글로 적어보라.

글로 기록함으로써 자신의 꿈을 점검하는 계기가 된다.

성공 여부는 마음속의 비전을 어떻게 가꾸느냐에 있다.

글이 자기 최면을 걸어 마음을 굳히고, 행동으로 나타날 때

엄청난 힘을 발휘하게 된다.

어느 양자 물리학자는 정신이 없으면 우주는 존재할 수 없고,

정신은 그것이 인식하는 대상을 실제로 만들어 낸다고 했다.

인간의 마음에는 무한한 창조력이 깃들어 있다.

삶의 목표를 확고히 하는 것이 성공의 열쇠다.

꿈은 이루어지기 때문에 아름다운 것이다.

… 미국의 유명한 풋볼 코치 루홀츠는 28세 때 대학의 풋볼팀 조교 자리에서 해고됐다. 낙심하여 나날이 우울하고 삶을 포기한 그에게 아내는 『크게 생각할수록 크게 이룬다』라는 책을 선물했다. 책에서 죽기 전에 이루고 싶은 100가지를 보고 그는 단숨에 107가지를 적었다.

43년이 지난 2009년

그는 목표 중에서 104개의 목표를 달성했다.

꿈은 직접 기록하면 반드시 이루어진다는 것이 입증되었다.

오늘 당장 100가지 비전을 써보라. 포기하지 않는 한 당신의 꿈은 하나하나 반드시 이루어진다.

… 머리와 가슴과 마음은 목 하나의 사이인데

그 거리는 엄청나게 멀다고 한다.

그 거리는 엄청나게 멀다고 한다.

마음은 사람의 생각, 감정,

기억이 생기거나 자리잡는 공간이며,

머리가 판단한 것을 받아들이는 것인데

머리가 분별,

왜곡, 삭제하기 때문에

마음까지 오기 힘들다는 것이다.

몸에서 마음이 떠나면 귀신과 다름없다.

가족끼리도 몸은 같이 있는데
마음은 따로이 노는 것은
귀신끼리 모여 있는 것과 무엇이 다르겠는가.
감성적인 가슴이 받아들이기 어렵다는 것은 머리를 쓰면
마음은 몸 밖에 있기 때문이다.
그래서 현명한 사람은 분별적인
머리로 받아들이지 말고
직관적인 가슴으로 받아들이라 하였다.
이를 몸과 마음이 함께 있는 것이라 한다.
머리로 받아들이는 사람은 계산적이 되지만
마음으로 받아들이는 사람은 감성적이 된다.

… 모든 허물의 근본은
자신을 소중히 여기는 데서 시작된다.
반대로 조금이나마 남을 이롭게 하고자 하는
마음속에 부처의 씨앗이 있다.
당신은 전생에 얼마나 공부를 해두었는가?
이번 생에 안 되면 다음 생,
또 다음 생에 라도 꼭 깨달음을 얻고 말겠다는
각오를 해야 한다.
당신은 전생에 얼마나 많은 공덕과 복덕을 지었는가?

지은 복이 많다면 이번 생에 안 되면 다음 생,
또 다음 생에라도
꼭 복덕을 얻을 것임을 믿어야 한다.
불법에는 정확히 지은대로 삼생동안 받기 때문이다.

… 자고로 현인 군자들은
대체로 행복과 즐거움을 마음속에서 찾았다. 때문에
그들은 신외지물身外之物에 대하여 냉담하였다.
어리석은 사람은 도덕군자들의 억지라고
야유하지만 마음 밝은 사람이 보면 물욕에 젖어버린
뱁새가 어찌 청정한 봉황의 뜻을 알겠는가 한다.

… 근본적으로 자신을 드러나지 않게 보호하는 데는
세 가지의 방법이 있다. 다른 사람을 피하는 것과
노예근성으로 매달리는 것과 남을 공격하는 방법이다.
이런 방법이 당장은 자신을 지켜주지만 그 대가는 엄청난
것이다. 왜냐하면 다른 사람과의 참된 인간관계를
가질 수 있는 가능성이 없어져 버리고 마는 것이다.
이들의 저변에는 다른 사람이 나를 해칠 가능성이 있기
때문에 내가 약해져서는 안 된다는 원리가 깔려 있다.

··· 죽음이란 좋은 것도 나쁜 것도 아니다.
다만 사자가 생전에 복덕을 많이 지었느냐
죄를 많이 지었느냐에 따라서 죽음의 의미는 달라진다.
복덕을 많이 지은 사람은 천상에 태어나서 좋은 것이지만
죄를 지은 사람은 지옥에 태어나기 때문에 나쁜 것이다.

··· 이 세상에 변하지 않는 것은 없다지만
마음공부를 하다 보면 영원히 없애도 변하지도 않고
죽지 않는 존재가 있으며 그 존재가 바로 진리인 것이다.
이 우주에는 영원히 스스로 존재하는
진리가 우주의 몸과 마음인 정과 신이 있다.
무한대 우주의 원래의 근본이 이 정과 신이다.

··· 웃으면 병은 없어지고 건강해지며 고민을 잊게 하고
즐거운 인생을 즐긴다. 웃으면 주위에 사람들이 모여 들어
번영케 하며 자신의 성격이 밝게 되므로 집안을 밝게 만든다.
식욕이 왕성하여 장수하게 되고 외모까지 아름답게 되며
직장에서도 활력을 준다.
매사가 유유자적하므로 초조와 불안감을 없애 행복한 삶을
살 수 있다.

… 요즘 부모들은 자녀에게 거의 매를 대지 않아서
자칫 버릇없는 아이로 만들어 버린다. 세 살 버릇 여든까지
간다는 말이 있다. 조기에 버릇을 고치지 않으면 습관이
되므로 평생 고쳐도 고치기 어렵다.
그래서 옛 어른들은 귀한 자식일수록 매로 키우라고 하였다.
예의 바른 자식으로 키우고 싶다면
때로는 사랑의 매도 필요하다.

… 지성이란 공산품과는 달아서
정신 활동의 소산이며 완제품이란 없다.
지성인이란 말은 보석이나 사치한 의상처럼
단순한 장식물이 아니라 자신의 삶에 유익한 어떤 것으로
가공하는 능력을 남보다 좀 더 연마한 사람이란 뜻이다.

… 사람은 칼을 가지지 않은 이를 인간다운 사람이라
생각하지만, 정녕 인간다운 사람은 칼을 가지고도 함부로
칼을 쓰지 않는 사람이다.

… 많이 웃는 사람은 행복하고 많이 우는 사람은 불행하며
행복하기 때문에 웃는 것이 아니고 웃기 때문에
행복해지는 것이므로, 자신이 행복해지려는
열망의 크기만큼 행복해질 뿐이다.

목적을 이루어야 행복해지는 것이 아니라 목적을 이루는 과정에서 행복을 느껴야 한다.
행복을 얻는 방법은 욕심을 줄이거나 원하는 것을 가지면 된다.
전자는 현자의 방법이고 후자는 범부의 방법이다.
행복은 마치 입맞춤과 같아서 자신이 행복을 타인에게 먼저 행복을 주어야 한다.
사람은 아무도 자신의 행복을 만들어 줄 수 없다.
현재에 행복한 사람이 진정 행복한 사람이다.

… 상대를 보는 방법을 보면 그 사람의 정도를 알 수 있다.
범부는 상대의 얼굴을 보며 현자는 상대의 눈빛을 보며 각자는 상대의 마음을 본다.

… 요즘 중고등 학생들은 대학입시를 준비하느라 자신의 열정을 발굴할 기회도 없이 대부분의 시간을 보낸다.
열정 없는 성공은 있을 수 없다. 인생에서 한 가지만 남겨야 한다면 그것은 열정이며, 열정은 천재의 재능보다 낫다 하였다.
사람은 자신이 좋아하는 일을 발견하면, 무한한 에너지가 생성되어 시키지 않아도 열심히 하게 되므로, 그런 사람은 반드시 성공하게 된다. 열정은 창조를 낳기 때문이다.

… 회사의 사장에게는 세 가지 선택권이 있다. 직원들을 유능한 사람으로 키우든지 아니면 과감히 포기하는 것이다. 이도 저도 아니면 아무 일도 하지 않고 그저 복지부동하는 것을 지켜보거나 직원들이 회사에 큰 손해를 끼치는 것을 수수방관하는 것이다.

… 세상에서 제일 좋은 명약은 슬픔과 분노스러운 삶에서 생긴 긴장을 무장해제시키는 것이 미소다. 링컨은 40대가 되면 자기 얼굴에 책임을 져야 한다고 했다. 온화한 미소를 가지려면 "웃자 웃어야 웃을 일이 생긴다." 웃을 일이 생겨서 웃는 것은 누구나 할 수 있다. 하지만 먼저 웃음으로써 웃을 일이 생기게 만드는 참다운 인격을 가진 자만이 할 수 있다.

… 자신이 잘못하는 것을 자신이 본다는 것은 참 행복한 것이다. 왜냐하면 잘못한 것을 고칠 수 있기 때문이다. 알아차림이라는 것도 자기 잘못하는 것부터 알아차려야 그렇게 하지 않아야 되겠구나 하는 생각이 들어 고칠 수 있기 때문이다. 남이 나를 칭찬할 때 내 내부에서 일어나는 것을 관찰하라. 칭찬은 칭찬하는 사람의 몫이지 나의 몫이 아니기 때문이다.

… 수행자는 셈이 밝아야 한다.
아집은 뺄셈을 해야 업장이 가벼워지고 선행은 덧셈을 해야
자비심이 커지고 원력은 곱셈을 해야 장엄 정토가 되고
고통은 나눗셈을 해야 작아지나니
수행자는 셈이 밝아야 한다.

… 어떻게 하면 자유와 행복을 누릴 수 있는가.
자유는 방종이 아니다. 방종에는 구속이 따르기 때문이다. 자유라는 것은 내 마음에서 욕심이 떠나 없어질 때 오는 것이다. 돈의 욕망에 사로잡히면 절대로 돈으로부터 자유로울 수 없다. 명예의 욕망에 사로잡히면 절대로 명예로부터 자유로울 수 없다. 사랑의 욕망에 사로잡히면 절대로 욕망으로부터 자유로울 수 없다.
거지는 부도가 나는 법이 없다. 큰 부도는 큰 부자가 낸다. 그러므로 결국 큰 부자는 가장 불안한 삶을 사는 것이다. 불교에서 자유는 무애다. 무애는 일체 어떤 것에도 욕망이 나오지 않아서, 욕망으로부터 구속되지 않는 것을 말하며, 이를 자유라고 말한다.행복이나 자유는 말은 달라도 내용은 같은 것이다. 가장 행복한 사람을 세상에서 내 것은 없는 것을 알아서 죽음으로부터도 구속되지 않는 사람이다.

… 보살심은 곧 평등심이며 평등심은 나라는 아상我相이 사라질 때 생기는 것이다. 평등심이 없다는 것은 아상이 사라지지 않았다는 것이다.
상대를 이해하지 못하면 그것이 곧 오해다.

… 티베트 불교가 세계 불교화되다시피한 외형적인 이유와 내면적이 이유는 티베트인 200만이 죽고 나라를 빼앗겼어도 폭탄 테러 같은 것을 하지 않고, 중국을 비난도 하지 않은 것이 달라이라마 혼자 할 수 있는 일이 아니며, 무장 봉기를 하겠다고 온 군인에게 부처님이 언제 남을 살생해 내가 행복해진다고 말한 적이 있느냐, 내가 죽더라도 살생을 하여서는 안 된다고 달라이 라마와 모든 수행자들이 말했다. 이는 대승 보살 정신이 없이는 할 수 없는 일이다.

… 목표를 세우고 목표를 향하여
한 발 두 발 내딛는 실천을 한다면 반드시 이루어질 수 있다.
목표에 가기 힘든 것과 갈 수 없는 것은 다르다.
가기 힘들다고 갈 수 없는 것은 아니지만 갈 수 없는 곳에 가겠다고 목표를 세우는 것은 바보다.
시작하기 전에 목표의 타당성 여부를 우선 검토하여야 하는 이유가 여기에 있다.

… 인간의 마음은 작용하는 마음과 반작용하는 마음으로 나뉜다.
우리는 반작용하는 마음 때문에 선불리 행동하지 못한다.
이것을 마음의 노예라고 한다.
많은 사람들은 마음이 시키는 대로 한다.
내 마음을 바로 보면 노예적인 사고에서
주체적인 사고로 전환된다.

… 사람들이 오해하는 것 중 하나가 불교 공부를 많이 하면
세상사에 무덤덤해져서 곱게 물든 단풍을 보고도 감흥도 없고
감동도 없이 될 거라는 생각을 하지만 수행을 하면 할수록
지성과 감성은 예민해지고 또 단풍을 보는 것만으로도
행복하고 아름다운 노랫소리에 감동을 받고
가슴이 떨려 운다면 그만큼 수행이 자질이 있다는 것이다.

… 내 인생의 주인공은 나다. 내가 하는 말 한 마디 행동 하나,
생각 하나는 나의 미래가 된다.
이 순간에 시작된 일은 이 순간이 지나면 반드시 결과를
가져온다. 지금 이 순간 행복한 생각을 하면 행복한 결과가
지금 이 순간 긍정적인 생각을 하면 긍정적인 결과가
지금 이 순간 희망을 생각을 하면 희망적인 결과가 나타나게
된다. 나는 이 순간 어떠한 생각을 하고 있는가?

… 목마름과 배고픔 등의 다양한 신체 반응은 외적으로
존재하는 실재만이 아니다.
우리 스스로 실재라고 믿게 하는 상상에 크게 의존하고 있다.
상상임신은 실제 임신과 똑같은 현상으로 나타나는 것과
수면 중에 악몽으로 인한 협심증으로
사망하는 등으로 나타난다.
그래서 희망을 노래하면 희망이 오고 성공을
노래하면 성공이 오고 행복을 노래하면 행복이 온다는
것으로 마음속으로
그리는 세계는 실제로 나타난다는 것이다.

… 책에는 저자가 수십 년 또는 평생을 살면서 체험한 삶의
지혜가 녹아 있다. 책은 마음의 양식이다.
왜냐하면 책 속에 삶의 지혜와 나아가야 할
길이 들어있기 때문이다.
하지만 책 속의 지혜를 하나라도
실천에 옮기지 못한다면,
수만 권을 읽은들 아까운 시간만 허비할 뿐이다.
지혜는 머리로 아는 것이 아니라 몸으로 행동하는 것이다.

… 어떤 사람이건 성공할 수 있으며
아무리 가난하게 태어났다 해도 바라는 것만큼
부자가 될 수 있다.
성공하기 위해서는 자신을 위한 계획이 있어야 하며,
실천된다는 희망을 가지고 행동으로 실행시키는 것이다.

… 당신은 당신이 이룩한 것을 남과 함께할 때
기쁨은 배가 된다.
성공하기 위해서는 정신적으로도 성숙하여야 하며
인생의 더 넓은 수평선을 보아야 한다.
자신의 힘으로 이 세상을 변화시킬 수 있다는 확신이
있어야 한다. 그러면 부富는 저절로 따라 온다.

… 사람들은 꼭 무슨 답을 얻기보다 자신의 고민을 털어
놓음으로써 스스로 문제를 해결하는 경우가 많다.
고민을 털어 놓는 자체가 스트레스를 푸는 것이다.
그래서 진정한 소통은 상대방의 말 듣기에서 시작된다.
경청은 남의 이야기에 토를 달지 않고 그냥 들어주는 것이다.
상대방의 이야기를 귀 기울여 듣는다는 것은 상대에 대한
관심이요 사랑이다.

··· 사랑은 용광로다. 사랑은 허물이 보이지 않는다. 사랑은 불치병을 낫게 하는 신통력을 갖고 있다. 사랑은 꽃을 피우는 마법사다. 사랑은 자연과도 대화하게 한다. 사랑은 원수도 친구도 만든다. 사랑은 세상을 화평하게 만든다. 사랑은 전지전능이다. 미움이 변하여 사랑으로 변할 때 진정한 소통은 이루어진다.

··· 나의 입장에서 상대를 보면 이해되지 않는 일도 상대의 입장에서 바라보면 이해되지 않는 일은 하나도 없다.
건성으로 아내를 보면 보이지 않던 것도
가슴으로 보면 보이기 시작하는 법이다.
그래서 다툼이 있을 때 '그럴 수도
있겠구나' 하고 상대방의 입장에서 생각한다면 가슴은
열리고 진정한 사랑의 눈이 열리게 되면서 소통의 길이 열린다.

··· 부부 싸움을 할 때
양쪽 다 화를 내고 큰 소리가 나면 싸움이 커진다.
상대의 아픈 곳을 건드리다 보면 넘어서는
안 될 선을 넘어 버리게 된다.
상대에게 지울 수 없는 상처를 주고 이혼이라는 돌아올 수 없는 다리를 건너기도 한다.

싸울 때에는 반드시 상대의 입장에서 말을 한다면,
아무리 큰 싸움이더라도 알콩달콩한 사랑싸움으로
마무리될 것이다.
사람들은 싸움의 원인이 상대에게 있다고 생각하지만
현자는 자신에게 원인이 있음을 안다.

… 우리는 누구나 열심히 노력하면 나름대로 꿈을 이룰 수 있고
성공을 할 수 있다.
그러나 성공을 한다고 반드시 행복한 것은 아니다.
인간의 욕망은 아무리 채워도 끝이 없다.
욕망의 항아리는 하나를 채우면 또 하나를 채우고 싶고
다른 하나를 채우면 또 다른 항아리를 채우고 싶기 때문이다.
채워도 채워도 채워지지 않기 때문에 허망할 뿐이다.
꿈 너머 꿈을 이루어야 한다.
행복이나 진리는 멀리 있는 게 아니라 내 마음속에 있는 것,
그런데도 오늘도 파랑새를 찾기 위해 자꾸 나돈다.
내 마음, 내 가정, 내 곁이 소중하다.

… 위대한 업적을 남긴 사람들의 삶에는 공통점이 있다.
집중력과 끈기다.
낙숫물이 한 방울 한 방울 떨어져도 바위를 뚫는다.

… 인간관계는 철저히 거래의 법칙을 따른다.
주고, 받고, 오고감이 있어야 유지된다.
특히 부부간에는 배려와 존중이 있어야 한다.
사랑이 있어야 한다.
배려와 존중과 사랑은 찰떡의 진기와 같다.
찐덕한 상태를 유지하는 비결은
상대에 대한 관심과 노력이다.
찰떡궁합은 운명적으로 주어지는 것이 아니라
만들어 가는 것이다.

… 살아가면서 건강을 가꾸는 것도,
사랑하는 것도, 평화를 추구하는 것도 행복을 위해서이다.
모든 가치 중 행복이 최고의 가치이다.
아무리 재산이 많아도 이웃이 모두 가난하고 도둑이
득실거린다면 결코 잠자리가 편안할 수 없다.
아무리 멋진 저택을 짓고 살아도 지구환경이 파괴되면
푸르름과 좋은 공기를 맛볼 수 없다.
이웃이 행복해야 자신도 행복하다.
더불어 살아야 행복을 누릴 수 있다.

… 성공한 사람은 자신의 뇌에
항상 긍정적인 사고의 양식을 주어야 한다.
사고의 양식은 앞서간 사람들의 책을
통해 얻는 것이 가장 쉬운 방법이다.
책은 당신을 가능성을 생각하는 사고가思考家로 만들어
줄 수 있는 기술을 가르쳐 줄 것이다.
거기에는 많은 것이 준비된 사고의 보물창고이다.

… 무엇을 해 달라고 기도하기 전에 먼저 감사해 보라.
내 생활의 모든 것에 감사한 마음을 갖는다면
반드시 행복해질 것이다.
하느님이나 부처님은 당신이 어깨를 펴고
고개를 든 채 얼굴에는 고상한 모습으로
빛나기를 바라고 계심을 믿으면 된다.

… 살아가노라면 헤쳐 나가기 힘든 때가 반드시 찾아온다.
고난의 순간에 피하지 않고
정면 돌파한 사람은 성공하였지만
피하려고 한 사람은 실패하였을 것이다.
성공은 피하는 사람을 외면하고
정면 돌파한 사람과 함께할 것이다.

… 어떤 친구를 만나는가에 인생의 성공과 실패가 달려 있다.
나쁜 친구를 만나 폭력이나
마약의 구렁텅이에 빠져 일생을 망치기도 한다.
친구는 돈이 많은 사람보다 사람 됨됨이를 보고 사귀어야 한다.
좋은 친구를 갖는다면 성공의 열쇠를 얻는 것과 같다.

… 우리의 생각에는 끌어당기는 힘과 주파수가 있다.
어떤 것을 생각하면 그 생각이 우주로 전송되고
이는 다시 물질로 변화되어 자신에게 나타난다.
행복과 불행 중에 나는 지금 어느 바이러스와 같이 있는가.

… 많이 배운 사람일수록 이론에 능통하다.
사랑을 해야 하는 이유와 사랑하는 방법 등 매우 논리적이다.
하지만 사랑은 이론이나 논리가 필요하지 않다.
마음속에서부터 우러나오는 사랑이 참사랑이다.
머리로 하는 사랑은 온기가 없지만
마음으로 하는 사랑은 온기가 있다.
생각의 머묾 없이 나오는 사랑이 참사랑이다.

… 어떤 사람에 있어 가장 치명적인 불구는 곧 불가능성을
강박관념으로 만들어 버릴 수 있다.

바이올린 연주자 프랭크 반더 마텐은 대장간에서 바이올린 줄을 잡아야 할 네 손가락이 잘렸지만, 왼손으로 연주하는 법을 배워 시옥스 시립교향악단의 유명한 바이올리니스트가 되었다. 당신도 당신이 불구라고 생각하지 않는 한 결코 불구는 아니다.
우리의 배경이나 과거는 전혀 약점이 될 수 없다.
어떠한 약점도 바로 고치면 훌륭한 장점이 될 수 있다는 것을 기억하라.

… 당신의 마음에 조금이라도 긍정적인 생각이 나면 곧 그것을 인정하고 그에 대한 반응을 보이는 습관을 키우라. 그 가능하다고 생각하는 습관이 씨앗이다.
단 하나의 조그만 긍정적인 생각은 많은 부정적인 생각도 이길 수 있다.

… 삶을 살아가다보면 사람의 지혜로써 피할 수 없는 불행이 있다. 우리가 문제 삼는 것은 피할 수 있는 불행에 대해서다. 전쟁이나 천재지변을 빼 놓는다면 대부분의 불행은 자신의 내부 조건에서 발생하고 있다. 이러한 인위적인 불행이 생존과정에서 오는 불가항력적인 불행보다 크다고 할 수 있다.

… 사람은 행복하기 위하여 자신의 몸을 던져 열심히 일하며 산다. 그러나 성공한 사람이 모두 행복하게 되는 것은 아니며 오히려 불행한 사람도 있다.
왜냐하면 인생의 계획단계에서 행복에 목표를 두지 않고 성공에만 목표를 두었다면 남과 같이 행복하여야 행복하다는 것을 알기 때문에 자리이타의 정신으로 살게 될 것이다.

… 자기의 어떠한 실패에 대하여 스스로 자학하지 마라.
실패한 것을 계속해서 괴로워하면 다음 일도 실패로 이끄는 원인이 된다. 자기학대의 감정은 집착에 의해서 생기므로 체념으로 마감하여야 한다.
자기학대의 감정은 자기를 해칠 뿐 아니라 자칫 남도 해치게 되기 쉽다.

… 사람은 누구나 즐거움을 찾고 있다.
하지만 즐거움은 상주常住하지 않는 것이며, 즐거움 뒤에는 반드시 깊은 애수가 따르게 된다.
그것이 비록 정신적인 활동을 정지 시키지는 않더라도 정신을 흐트러뜨리고 마비시키는 것이다.
그러므로 즐거움은 외적 요인에서 찾을 것이 아니라 자신의 내부 요인에서 찾아야 한다.

… 게으르고 방일한 것은 마치 쇠에 녹이 스는 것과 같아서
사람의 육체를 삭게 만든다.
이것은 사람이 고된 노동으로
육체를 피로하게 하는 것보다 훨씬 속도가 빠르다.
이에 반하여 항상 쓰는 열쇠는 항상 빛나며 녹이 슬지 않는다.
몸이든 정신이든 쓰면 쓸수록 튼튼해지는 것이다.

… 정치상의 승리나 수입의 증가 또는 병으로부터
회복하는 것과 옛 친구와의 재회 등은
일시적으로 마음에 행복감을 젖게 한다.
이러한 외적 요인으로는
지속적인 행복은 기대할 수 없다.
오직 자기 자신의 내부 성찰로 통해 얻는 내면의
즐거움만이 지속적인 행복감에 젖게 할 수 있다.

… 마치 순간순간을 최후의 것인 양 생각하라.
어떠한 순간에도 더 이상 갈 수 없는
완성된 것이라고는 생각지 말라.
더 높은 곳을 위한 하나의 수단이 있다고
생각하면서 삶의 매일 매일 최선을 다해야 한다.

… 기도는 참선을 하거나,
경을 보거나 하는 것들 중 자기에 맞는 것을 찾아서 몰입하면 된다. 사람이 살다보면 현실에 얽매여 제정신 없이 끌려가기가 쉬운 법인데 기도를 하면 자기를 되돌아보기 때문에 잘못된 길을 가지 않게 된다.
기도를 하는 시간은 생활이 곧 기도가 되어야 하지 않을까 생각한다. 그래서 삶이 곧 선이요, 삶이 곧 기도이다.

… 사람들은 탐욕이란 것을 가슴 깊은 곳에 숨겨 놓고 위선으로 포장하여 남에게 드러내지 않으려고 하지만 그것은 몸으로 말하면 암덩어리가 몸속에서 자라고 있는 것과 같다.
암덩어리를 제거하지 않고 어떠한 약을 먹어도 일시적으로 나아지는 것같이 보이지만 근종은 근본적으로 치유되지 않는 것처럼 그것을 모르고 수행하는 것은 많은 종교가 있고 많은 철학이 있지만 병인 줄도 모르고 암덩어리를 빼낼 생각은 하지 아니하고 백방으로 이 병원, 저 병원 찾아다니는 것과 같다.
그래서 기도를 10년, 20년이 아니라 100년, 200년을 하더라도 탐심이라는 암덩어리가 빠지지 않는 한 근본적으로 치유되지 않는 것이다.

살면서 욕심이 전혀 없진 않는다 해도 자신의 병을 인정하고
탐욕부터 버리는, 즉 암덩어리가 빠지는 데
중점을 두어야 한다.
암덩어리가 빠지지 않으면 참선이나 기도를 하더라도
성취되지 않으며 탐욕이 빠진다면 기도할 것이
또 무엇 있겠는가.

… 종교의 종류는 많지만
진리란 알고 보면 무명無名, 무상無相이다.
부처님은 누구며, 알라는 예수는 시바는 진리 자체는 아니다.
진리는 본명이 없다.
깨달아서 가르쳐 주신 분이 부처님 법이며, 일체 모든 종교는
뗏목이기 때문에 뗏목에 숨거나, 매달려서 가서는 안 된다.
뗏목에 매달려서 자기 것이 최고라고 생각한다.
뗏목은 진리로 가는 방편임을 알아 무엇을 믿더라도
뗏목임을 알아 부단히 노력한다면 무슨 종교를 믿든 반드시
피안에 갈 수 있다.

… 세상살이 무엇을 하든지 진실한 마음과 성실한 마음이 없이는
이루어지지 않는다. 진실한 마음이란 돈, 재물, 지식,
잘났거나 못났거나 양의 많고 적음에 있지 않다.

진실은 삶의 바탕이기 때문에 진실을 바탕으로 돈, 사랑,
명예 등 모든 것이 채워져야 하는데
사람들은 그것을 소홀히 하여 안타까울 따름이다.
진실은 거짓 없는 참마음을 말하며 무욕無欲이란 배를 타지
않으면 도달할 수 없는 것이다.
누구나 말은 진실을 말하지만 진실에 도달하는 것은
욕심을 버린 배를 타지 않고는 갈 수 없는 곳이다.
천상천하에 존귀하지 않은 존재는 없다.
참마음에 도달하지 않으면 행복도 구원도 없다.
진실한 마음으로 성실히 할 때 행복에 도달할 수 있으며,
그래야만 비로소 종교, 철학에서 말하는 마음의 평화와
안정을 얻을 수 있다.

··· 집안에 전선을 잔뜩 널어놓는 다고 전등에 전깃불이
들어오는 것은 아니다.
전기 콘센트에 연결하고 스위치를 넣어야 불이 들어오는
것이다. 우리 인간이 말하는 하느님, 부처님, 시바, 알라 등등
완전한 행복과 만나려 면은 진실과 진심이란 코더로서
콘센트에 연결해야지 진실과 진심의 코더 없이는 어떠한
기도를 한다 하더라도 한밤중에 등불 없이 산길을 가는
것과 같아서 목적지에 도달할 수 없다.

… 지혜로운 사람은 무소유의 삶을 살면서
최선을 다하여 사는 사람이다.
세상 사람들은 탐욕이 있어야 잘 사는 것으로 알지만
탐욕이 많은 사람은 스님이나 선생님이나 정치인이나
예술가로서 크게 성취를 이룰 수가 없는 것이다.
그것은 마치 노예가 쇠고랑을 차고 일을 나가듯이
우리는 노예가 아닌데도 탐욕이라는
쇠사슬을 스스로 묶어 놓고 가는 것과 같다.
우리 인간은 탐욕의 쇠사슬을 벗어
놓고 무소유의 삶을 살아갈 때에
더 훌륭한 지도자로 더 훌륭한 부모로 더 훌륭한 친구로서,
종교인, 정치인으로 살아 갈 수 있어
나날이 행복한 날이 될 것이다.

… 승자와 패자는 차이가 있음이니 승자는 문제 속으로
뛰어들지만 패자는 문제의 주변을 맴돈다.
승자는 눈을 밟아 길을 만들고
패자는 눈이 녹기만을 기다린다.
승자는 과정에서 즐거움을 느끼지만 패자는 결과를 보면서도
행복감을 느끼지 못한다.

… 정직한 사람은 진실에 대한 확신이 오랫동안 그를 지켜준다. 그것이 바로 신뢰이다. 정직 하지 못한 사람은 오늘의 신뢰를 악용하기 때문에 내일의 신뢰마저 상실한다.
하지만 끝까지 정직하게 행동하는 사람은 말과 행동이 일치할 때에만 얻을 수 있는 진정한 자유를 누린다.

… 현명한 사람은 실패의 과정을 중시하고
어리석은 사람은 실패의 결과를 중시한다.
과정을 중요시할 때에는 반복 실패할 확률은 줄어들지만
결과를 중요시할 경우에는 반복하여
실패할 확률이 높아진다.

… 현명한 사람은 자기 허물부터 보지만 우둔한 사람들은 타인의 잘못은 잘 보지만 자신의 잘못은 자세히 보지 못할 때가 많다.
왜냐하면 자기의 틀에 맞추어 색안경을 끼고
상대를 바라보기 때문이다.

… 돈은 겉 사람의 머리를 숙이게 만들지만
진실한 마음은 속사람의 머리를 숙이게 만든다.
앞에서 숙이고 뒤에서 손가락질 받을 것이 아니라
상대의 마음을 움직이는 게 낫지 않겠는가.

… 상대가 실수했을 때 처벌은 최후의 수단이 되어야 한다.
누군가 좌절하고 있을 때 그를 크게 꾸짖는 것은
가장 비열한 행동이다.

… 노인들의 장수 최고의 비결은
감사하는 생활이라 이다.
자기 주변 모든 것에 대하여
애정과 감사의 마음을 갖고 있다는 것은
스트레스를 줄여주기 때문이다.

… 더 자유롭고 더 안정적인 삶을 위해 돈을 벌어야 하지만,
돈을 모았다고 행복까지 모이는 것은 아니다.
월급의 높낮이만 따진다면
일 자체의 성취감을 얻기는 어렵다.
더 많은 소득과 소비, 더 높은 지위를 추구한다면,
가족의 사랑과 자신의 건강은
점점 멀어진다는 것을 알아야 한다.
물질적인 요소도 반드시 필요하지만 마음의
만족 없이는 어떠한 것들도 바닷물을 마시는 것 같아
갈증만 더 한다는 것을 명심해야 한다.

… 인간이란 욕심 때문에 부단히 발전하게 되는 것이지만,
욕심을 뛰어 넘을 때 마음을 닦을 수 있고
마음의 부를 이룰 수 있어
진정한 인간이 될 수 있는 것이다. 욕심 없는
사람이 도를 틔울 확률은
낙타가 바늘구멍 들어가기보다도 더 어렵다.
큰 욕심을 뒤집으면 큰 원력이 되기 때문이다.

… 짐승은 배가 부르면 한가로이 노닐 줄 안다.
그러나 인간은 먹을 것 입을 것 다 쌓여도 많으면 많을수록
좋아하는 다다익선의 마음이기 때문에 만족을 모르고 산다.
인간이 동물보다 나은 것도
욕심 때문이지만 인간이 동물보다
미혹한 것도 욕심 때문이다.
차원 높은 행복은 허욕과 과욕을 초월한 사람들이다.

… 가난하고 굶주린 사람에게는 밥이 곧 진리겠지만,
배부른 사람에게 밥은 곧 짐이고 부담일 것이다.
그래서 현인 군자들은 재산을 쌓는 것으로
행복을 쌓는다는 것은 미혹한 짓이라 하였다.

… 인간은 쾌락을 추구하는 동물이며 쾌락 추구에는
두 가지의 방법이 있다.
하나는 몸과 마음 밖의 사물로 쾌락을 자극하는
방법이고 또 하나는 몸과 마음을 스스로 닦음으로써
몸과 마음의 평화와 쾌락을 추구하는 방법이다.
전자는 비가 오면 물이 고이는
웅덩이이고 후자는 스스로 솟는 샘물이다.
전자는 소인배이고 후자는 성인군자라 한다.

… 인간은 뜻을 세우는 데 있어서,
우선 자기의 머리를 냉철히 하여야 하며,
다음으로 자신의 장점과 단점을 상세히 파악하여
자신의 장점에 집중적으로 포커스를 맞추어
뜻을 세우는 것이 중요하다.

… 보석도 닦아야 빛이 나고
친구도 자주 만나야 우정이 깊어진다.
어느 순간에도 일어나는 마음 그 마음을 다스리는
일이야 말로 참된 보석보다
어떤 친구보다 값진 행복을 얻을 수 있다.

… 눈에 보이는 아름다움은 있다가도 없어지고 없다가도 있지만,
눈에 보이지 않는 마음의 아름다움은 마음으로 전달되므로
오래 오래 우리들 마음을 따뜻하게 해준다.
모양 없는 마음의 아름다움은 육신의 늙음을 이기는 길.

… 바라던 바가 이루어진 것을 만족이라 하며 만족하여
좋음을 느끼는 것을 즐겁다 라고 한다.
좋은 느낌이 양적으로 강한 상태를 기쁨이라 하며
소망이 실현되었을 때 강한 좋은 느낌을 받으며 좋음이
이루어지며 즐거움을 받는다.

… 음악을 듣거나 커피를 마시거나 침대에 누워 있을 때는
기쁘다기보다는 즐겁다는 표현을 쓰며,
좋음이 주관적으로 긍정적인 평가를 받는 경우를 보람이라 하며
좋음이 객관적으로 긍정적인 평가를 받는
경우를 가치감이라 한다.
좋은 것을 가졌으니 잃을까 두려우면
안정과 평화가 없는 좋음이다.
미래를 꿈꾸고 희망을 일으키는 상태를
의욕이라 하며, 얻지 않더라도 내가 바라는 것을
그려보고 마음이 머물면 행복의 상태를 얻을 수 있다.

그러므로 행복한 좋음이란 무엇을 얻는 데 있지 아니하며 자신이 좋아하는 대상을 마음에 그려 보면 바로 얻을 수 있는 것이다.

… 자식으로부터 존경을 받고 싶은가?
남편으로부터 사랑을 받고 싶은가?
사회로부터 인정을 받고 싶은가?
그렇다면 당신은 불행한 사람이다.
행복은 받는 데 있는 것이 아니며
주는 사람에게 있다는 것은 하늘의 뜻이기 때문이다.

… 행복해지려면 먼저 사랑하고 더 행복지려면 더 사랑하라.
그러면 반드시 행복해진다.
자기 자신만을 위한 이기주의와 자기중심적인 생각에
사로잡히면 반드시 불행을 몰고 올 것이다.

… 진정한 사랑은 감정을 넘어선 예술이다.
행복은 어떠한 결과물이 아니라
쟁취하여가는 무한한 감정이다.
이 순간에 행복하다면 그는 행복한 사람이다.

… 수행을 시작하려면 보리심을 일으키는 동기가 필요하다.
기도를 하면 보리심이 일어나기 때문에 삶이 바뀌며,
괴로움을 벗어나려고 하는 사람은 내가 내다 하는
아만심이 일어나지 않으며, 산란심이 일어나지 않으며,
절망감이 생기지 않으며, 죽음에 대한 공포가 일어나지
않으며, 몸에 병은 다 없어져 버린다.

… 자연계뿐만 아니라 우주 전체가 모를 때에는 제각각으로
보이지만 알고 보면 일체입니다.
만법이 혼연 융합한 중도의 실상을 바로 보면,
모순과 갈등, 대립과 투쟁은 자연히 소멸되고
융합 자재한 일대 단원이 있을 뿐입니다.(성철 스님)

… 올바른 일을 하는 데는 경험이 중요하며, 어떤 결정을 내리는
때는 젊은이의 의견을 듣는 것이 중요하다. 왜냐하면
경험으로써 행동의 결과를 사전에 유추할 수 있으며,
젊은이는 용감하게 새로운 해결책을 발견해 내기 때문이다.

… 사람이 바른 길로 가고자 하나 잘되지 않는 것은 유혹과
강압 때문이다. 유혹은 극기로써 이겨내고, 강압은 용기로
이겨내어 정의를 실천 하는 사람이라면 그는 훌륭한 사람이다.

… 큰일을 닥쳤을 때 당황하지 않으려거든
작고 세심한 일까지 검토하여야 한다.
장사를 하는 사람이든 나라를 지키는 사람이든
이를 명심하지 않으면 나중에 큰 낭패를 볼 수 있다.

… 계획한 일이 성공적일 때, 경쟁에서 이겼을 때 기쁨을 느낀다.
성공이나 승리가 고생을 통하여 얻어진 것일수록 기쁨은 크다.
자아가 실현되고 삶의 보람을 느꼈을 때
가장 큰 행복을 느낄 수 있다.
그러나 가장 고상한 기쁨은 남이 행복하게 되는 것을
바라보는 것으로써 기쁨 중의 제일이다.

… 칭찬을 받으면 기쁘다.
그 이유는 자아의식이 충만해지기 때문이다.
인간은 단순해서 자기를 좋게 말해주는
사람에게는 반드시 호감을 갖는다.
자기를 칭찬해주는 사람을 나쁘게 말하는 사람은 없다.
남을 칭찬해 주면 반드시 되돌아온다. 험담도 없어진다.
칭찬은 고래도 춤추게 한다고 한다.
칭찬은 상대를 기쁘게 해주므로 손해 보는 일은 전혀 없으며
득만 보게 되므로, 칭찬하는 사람은 반드시 승자가 된다.

… 이 마음에 행복이 있고 이 마음에 불행이 있다.
행복과 불행은 스스로 만드는 것이 마음에 진리 있어
이 마음이 소중하나니라.
그 마음 문 열면 참 마음 있나니 밖으로 찾지 말라.
오직 스스로의 마음에 태양보다
밝은 광명 있나니 마음이 천국이니라.

… 어느 것에도 마음 두지 말라.
어느 것에도 길을 두지 말라.
세상에는 영원한 것 없네.
진실한 것도 없나니
마음을 둘 곳에 두어야지 마음 두지 않을 곳에 마음 두면
끝내 고통 받나니 아름다움에도 더러움에도
마음 두지 말라.
오직 너 스스로의 참 마음에 마음 두어라.

… 열흘 입어 때 묻은 옷도 잠시 세탁하면
그 때 없어지는 지고 세상 나도 모르게 지은 죄업도
한 마음 돌리면 햇살에 눈 녹 듯 없어지나니
부질없이 죄의 그늘에 발목 잡혀 신음하지 말라.
한 마음 돌리면 그 자리가 바로 천국이다.

… 사람은 누구나 자유를 원한다.
배운 사람이든 잘 났든 못 났든 돈이 있든 없든 지위가 있든 없든 명예가 있든 없든 너저분한 도덕이니 지저분한 윤리니 명색 좋은 법이니 그런 것도 사실 필요한 게 아니다.
본래 그 마음 깨끗하면 도덕 있어 어디 쓰랴.
원래 그 마음 아름다우면 윤리 있어 오히려 민망스럽다.
마음 하나 반듯하면 향기로운 삶이려니.

… 숨기지 말라. 모르게 감추지 말라 네 마음 허공같이 비었을 때 신령스러운 빛 누리 감싸고도 남음 있나니 삶과 죽음을 뛰어 넘어 영원에 유유자적하나니 그 마음 숨기므로 비극이 시작되고 그 마음 감추므로 불행이 일어난다.
땅에서 넘어지면 땅 짚고 일어나듯 그 마음에서 참마음 얻으렴.

… 서쪽을 보고 부처를 부르지 말라. 동쪽을 보고 부처를 찾지 말라. 교회에 와서 하느님 만나고 가는 이 밥상 받고도 밥 먹지 않은 이라네. 이 세상 괴로움이 그 마음 위에 있고 이 세상 복과 덕이 그 마음 안에 있네. 마음이 마음을 등지니 괴로움 일어나고 마음이 마음을 만나니 즐거움 솟는구나.
때를 놓치지 말라. 서둘러 그 마음 찾으렴.
네가 너를 구원하나니…

… 슬프고 괴로운 일에 유혹당하여 가슴 아파하지 말라.
오랜 시간 이전 무명의 잠속에서 생각이나 행동으로 만들었던 것이 이제 나타남이니 슬픈 일이 있으면 그 슬픔을 보라.
존재의 무게를 느낄 것이다.
괴로운 일 당하면 그 괴로운 일 살펴보아라.
신비로운 위대함을 발견할 것이다.
슬픔에 괴로움에 협조하거나 동조하지 말라.
그거 또한 마음의 아름다운 파도이니라.
그것 또한 생명의 불꽃이니라.
슬픔과 괴로움에는 참 모양이 없다 한 번 되받아 지나가면 소멸되는 업고의 원칙 소박한 축복을 보내어라.
콩 심어 팥 거둘 수 없지 않은가.

… 죽음은 새 생명의 문을 여는 것. 슬퍼하거나 비통해서는 안 된다. 손뼉 치고 웃으며 보내야 하는 것. 다시 만날 때가 있으려니 하나의 인연이 끝나면 흩어지는 것.
달 하나의 인연을 위하여 모습을 바꾸는 것 생명은 영원하다.
모양만 다를 뿐 가고 옴이야 인연에 따르는 것.
스스로 마음 모양 따라 거듭나는 생명의 신비로움
봄이 되면 풀잎은 푸르나니…

… 세상에서 제일 소중한 게 있다면
그것은 지금 현재 그대 마음이다.
그 마음속에 엄청난 과거가 있고 무한한 미래가 영원과
더불어 있다 그 마음속에 크나큰 가능이 있어
그 마음 저버린다면 외로움에 괴로움에 굶주림에 허덕인다.
지금 현재 그대 마음 오늘과 내일을 가늠한다.

… 잠시라도 조용히 앉아 스스로를 찾아보아라.
조용하면 조용한 마음을 보고 미움이 일어나면 미움을 보라.
질투가 일어나면 질투를 보라. 분노가 일어나면 질투를 보라.
분노가 일어나면 분노를 보라. 웃음이 일어나면 웃음을 보라.
생각이 일어나면 생각을 보라. 보고 보아라.
마음의 갖가지 모습에 하염 없음을 보아라.
한 발 자국 물러서서 스스로를 보라.

… 마음 마음이 모여 손짓을 하고 생각 생각이 모여 눈짓을 한다.
몸으로 입으로 뜻으로 인연을 만들어 그 굴레 벗어나지
못하여 한 세상 서성인다.
어찌 보면 이승은 나그네에게 보따리 하나 더 보태는 곳.
어찌 보면 이승은 나그네에게 모든 보따리 두고 가게 하는 곳.
사바는 잠시 쉬어 가는 곳 마음 쉬어 가는 곳.

… 희망을 노래한다면 희망이 있는 사람이다.
사랑을 노래한다면 사랑이 있는 사람이다.
행복을 노래한다면 행복한 사람이다.
의미 있는 인생이라고 생각한다면 가치 있는
삶을 살아 갈 것이며 별 볼 것 없는 삶이라고 생각한다면
별 볼 것 없는 인생이 될 것이다.
자신을 사랑하며 사는 사람은 살아서 행복하고
죽어서는 극락으로 가는 사람이다.
자신의 처지를 비관하며 사는 사람은 살아서 행복하고
죽어서는 지옥고를 받을 사람이다.

… 시간은 누구에게나 똑같이 주어지지만 시간에 굴복하여
떠밀려가는 사람이 있는가 하면 신의 것으로 만들어 가는
사람도 있다.
떠밀려가다 보면 행복은 잡힐 듯해서 좇아가 보지만 아지랑이
같이 잡힐 듯 잡히지 않고 정신 차리고 보면 어느새 몸은
노쇠하고 머리는 백발이 되어, 10년만 젊다면 하지만
지나간 시간을 되돌릴 수 있는 것은 어떠한 권력이나
돈으로도 불가능하다.
한 시간을 살더라도 자신의 시간을 사는 사람이 행복한
생활을 하는 것이다.

실패한 사람은 시간의 노예가 되어 살지만
성공한 사람은 시간을 부릴 줄 아는 주인이 되어 삶을 산다.
지금 나는 시간의 주인인가 아니면 시간의 노예인가?

… 자신의 재능과 소질을 살려 삶의 목표를 세우되
왜 이 일을 해야 하는지를 깊이 인식하고 무엇을 하겠다는
것보다는 어떻게 하겠다는 마음으로
자신의 본분에 충실한 실천을 하여야 한다.
학생은 열심히 공부하는 것이 본분이고
직장인은 열심히 일하는 것이 본분이며
주부는 열심히 살림 사는 것이 본분이다.
지금 하고 있는 일이 최선을 다하는 것이
행복한 인생을 살아가는 것이다.

… 착한 일을 하였다면 착한 과보를 받고
악한 일을 하였다면 악한 과보를 받는다.
착한 이는 선업을 얻어서
죽어서는 천국에서 가지가지를 즐거움을 누리지만,
악한 이는 삼악도에 태어나서 고통의 환란을 받는다.
사람이 죽으면 영혼은 저울에 달아져 선악의 업을 심판받고,
심판에 따라 상벌을 받게 된다.